SV

Christa Wolf
Rede, daß ich dich sehe

Essays, Reden, Gespräche

Suhrkamp

Erste Auflage 2012

Textnachweise am Schluß des Bandes

Satz: Satz-Offizin Hümmer GmbH, Waldbüttelbrunn
Druck: Druckhaus Nomos, Sinzheim
Printed in Germany
ISBN 978-3-518-42313-4

1 2 3 4 5 6 – 17 16 15 14 13 12

Rede, daß ich dich sehe

Inhalt

1.

Zeitschichten

Zu Thomas Mann

Die Nachricht, daß Sie mir den Thomas-Mann-Preis zuerkannt haben, für den ich mich herzlich bedanke, hat mir einen Thomas-Mann-Sommer beschert. Aber auch eine ausschweifende Lektüre ließ mir die Aufgabe nicht leichter erscheinen, hier zu Ihnen über ihn zu sprechen. Zu Thomas Mann ist alles gesagt. Ich versuche, mich ihm über Erinnerungen zu nähern.

Schwere Stunde hieß die kleine Erzählung, die im Herbst 1950 uns Studenten des dritten Semesters für Germanistik an der Universität Jena im Seminar für Sprecherziehung als Übungstext aufgegeben war. Ihr Autor war Thomas Mann, ihr Gegenstand Friedrich Schiller. Wir saßen, etwa zwanzig Studenten, in einem der kleineren Seminarräume, der auf eine Straße und jenseits davon auf den botanischen Garten hinausblickte. Dort sind, meine Damen und Herren, sagte unsere Sprecherzieherin, vor hundertfünfzig Jahren unsere Klassiker, Goethe und Schiller, spazierengegangen, und es ist nicht ausgeschlossen, daß sie genau über diesen Text gesprochen haben, um den Schiller sich in dieser Novelle von Thomas Mann bis zur Erschöpfung bemüht: über sein Drama *Wallenstein*. – Das Haus, in dem Schillers Familie wohnte, war nicht sehr weit entfernt.

Uns allerdings ging es in dieser Übungsreihe nicht um den Inhalt der Novelle; es ging darum, kleinere und größere Sprachfehler an uns Probanden zu korrigieren. Ich erinnere mich an den Kommilitonen, der den ersten Part des Textes zu lesen hatte und nur langsam damit vorankam, weil unsere Lehrerin ihm sein Lispeln nicht durchgehen lassen wollte: »Das war ein besonderer und unheimlicher Schnupfen, der ihn fast nie völlig verließ.« Allzu viele S-Laute in einem Satz. Bei anderen war die stark thüringische oder sächsische Lautfärbung zu beanstanden, die sie als spätere Lehrer doch nicht auf ihre Schüler übertragen wollten. Wieder andere sollten es lernen, das »i« in »Milch« nicht berlinerisch »Mülch« auszusprechen.

Das hatte ich deutlicher behalten als Einzelheiten der Novelle, die ich lange nicht mehr gelesen hatte. Was mir davon in Erinnerung blieb, war eine Atmosphäre von Qual, die sie ausstrahlte, von quälender Mühe mit der Schreibarbeit. Jetzt, als ich dieses Stück Prosa wieder vor mir hatte, sah ich, daß es »in der Nußschale« die wichtigsten Probleme anriß, die seinen Autor über die Jahrzehnte hin begleiten sollten – über ein halbes Jahrhundert hin, in dem ein kolossales Werk entstand.

Und »begleiten« ist ein schwaches Wort. Die »schwere Stunde«, die er dem Friedrich Schiller auferlegt – er, der gerade glücklich verheiratete, nicht mehr ganz junge Autor, der sich als Fünfundzwanzigjähriger mit den *Buddenbrooks* einen Namen gemacht, danach neben kleineren Arbeiten die Novelle *Tonio Kröger* geschrieben hat, der sich also wohl hätte erfolgreich nennen und Zutrauen zu seinem Talent hätte haben können –, diese schwere Stunde durchlebt er selbst immer wieder. Seinem Bruder Heinrich schreibt er von »Depressionen wirklich arger Art mit vollkommen ernstgemeinten Selbstabschaffungsplänen«, und er muß sich eingestehen, daß auch die endlich geglückte Heirat mit der hartnäckig umworbenen Katia Pringsheim ihm nicht jene Art Dauerglück gebracht hat, nach der er sich sehnt.

Schiller jedenfalls ist, so sieht er ihn, nächtlich allein in seinem kalten Arbeitszimmer, heimgesucht von einem »heillosen Gram der Seele«. Der *Wallenstein* scheint gescheitert – das Werk, »an das seine kranke Ungenügsamkeit ihn nicht glauben ließ ... Versagen und verzagen – das war's, was übrigblieb.«

»Ichsüchtig« habe man ihn genannt, schreibt Thomas Mann. Wen? Friedrich Schiller? Aber: »Ichsüchtig ist alles Außerordentliche, sofern es leidet.« So früh also schon sein Sich-Aufbäumen gegen den häufig gegen ihn erhobenen Vorwurf der Kälte, der Liebesleere, dem er zur Rechtfertigung, als Preis, den das unerbittliche Gesetz der Kunst ihm abfordert, immer wieder den Schmerz entgegenhalten wird, der sein unabweisbarer Begleiter ist. (»Das Talent selbst – war es nicht Schmerz?«) Und doch: »Das Gewissen ... wie laut sein Gewissen schrie!« Er spürt wohl – wer? Friedrich Schiller? –, daß er den Menschen, die ihm nahe sind, etwas schuldig bleibt. Er steht am Bett seiner Frau. »Bei Gott, bei Gott, ich liebe dich sehr! Ich kann mein Gefühl nur zuweilen nicht finden, weil ich oft sehr müde vom Leiden bin und vom Ringen mit jener Aufgabe, welche mein Selbst mir stellt. Und ich darf nicht allzusehr dein, nie ganz in dir glücklich sein, um dessentwillen, was meine Sendung ist.«

Den *Doktor Faustus* von Thomas Mann habe ich zum ersten Mal früh gelesen, ich könnte nicht mehr genau sagen, wann. Aber er gehörte zu den Büchern, die mir halfen, in das Wesen, vielmehr Unwesen des deutschen Faschismus einzudringen und mich, die ich zu der Generation gehörte, die als Kinder und Jugendliche nicht einmal den Namen eines Thomas Mann kennen sollten, gegen dieses Unwesen zu immunisieren. Benennen hätte ich diese Wirkung damals wohl nicht können, aber ich spürte, »welche Unmenschlichkeit das Buch des Endes kalt durchweht«. Das nicht! dachte ich. So nicht.

Die Jüngeren mögen es sich nicht vorstellen können, »Gesittung«, »Humanität« waren Wörter, die wir mit sechzehn, siebzehn Jahren zum ersten Mal im positiven Sinne hörten. Die Geschichte vom Verhängnis dieses deutschen Tonsetzers Adrian Leverkühn hat mich erschüttert. Konnte ich mir verhehlen, welch anderem Teufelspakt wir beinahe verfallen wären? Ich las das Buch wieder. Es wuchs mit meinen Einsichten. Meine Einsichten wuchsen mit diesem Buch.

Eine merkwürdige Fügung in meinem Leben erlaubte, nein: zwang mir noch einmal eine intensive Auseinandersetzung mit diesem Autor auf, mit diesem Buch, mit seiner Entstehungsgeschichte, mit dem gefahrvollen, turbulenten Zeitgeschehen, in das es gestellt war, und mit der innigsten Verquickung all dieser Faktoren, die Gehalt und Gestalt des Werkes bestimmte.

1992/93 lebte ich für ein Dreivierteljahr ganz nah bei dem Ort, an dem der *Doktor Faustus* entstand: »Pacif. Palis.«, das heißt: »Pacific Palisades« steht über den Tagebucheintragungen Thomas Manns jener Jahre zwischen Mai 1943 und Januar 1947, der Entstehungszeit dieses großen Romans. Meine Adresse war »Santa Monica«, in enger Nachbarschaft also zu 1550 San Remo Drive, wo die Manns sich ein Haus hatten bauen lassen, in dem sie ab Februar 1942 wohnten. Dort bin ich oft gewesen. Vom Haus sieht man nicht viel, hochgewachsene Hecken verbergen es dem Blick. Keine Tafel erinnert an seinen berühmten ersten Bewohner (das habe ich auch an den anderen Wohnungen und Häusern der damaligen Emigranten festgestellt: Ihrer wird nicht gedacht). Ich habe vor dem Eingang des Grundstücks gestanden und meine Phantasie spielen lassen, bin auch den Weg nachgegangen, den Thomas Mann nach seiner Morgenarbeit oft genommen hat, den Amalfi Drive hinunter in Richtung Küste, bis zum Hotel Miramar an der Pacific Promenade, wo er wohl einen Wermut trank und seine Frau Katia ihn mit dem Auto abholte.

In diesem Hotel habe ich bei einem Frühstück mit einem Freund, der aus Europa herübergekommen war, ausführlich über die Beschaffenheit der deutschen intellektuellen Emigration in Kalifornien gesprochen, auf deren Spuren ich mich fasziniert bewegte. Ich liebe es, die Orte aufzusuchen, an denen Schriftsteller, Künstler gewohnt und gearbeitet haben. In Leningrad hat uns vor vielen Jahren der Urenkel Dostojewskis zu dem Haus geführt, in dem Raskolnikow die Wucherin erschlug. In Moskau waren wir in der Wohnung Majakowskis. In London sind wir durch das Bloomsbury der Virginia Woolf gegangen. In Marseille habe ich das Hotel und das Café gefunden, in denen die Figuren von Anna Seghers' *Transit* sich bewegen. In Prag sahen wir Kafkas Umfeld und die Kneipen, in denen der gute Soldat Schwejk zu Hause war. In Rom standen wir vor dem Haus, in dem die Bachmann ihr *Franca*-Fragment geschrieben hat.

Und nun also Kalifornien, Los Angeles, in dem in den dreißiger, vierziger Jahren des vorigen Jahrhunderts sich Größen aus Literatur, Theater, Film versammelten, die aus Deutschland vertrieben waren, so daß es auch das »Weimar unter Palmen« genannt wurde. Ein alter Schauspieler, der an der *Galilei*-Aufführung von Brecht mitgewirkt hatte, hat sich während einer Party im Hause Schönberg bei mir bedankt, daß wir ihnen in den dreißiger Jahren »alle diese wunderbaren Menschen« herübergeschickt hätten. O madam, what a seed! rief er aus und zählte Namen auf: Brecht, Thomas und Heinrich Mann, Marta und Lion Feuchtwanger, Hanns Eisler, Bruno Frank, Franz Werfel, Berthold und Salka Viertel, Adorno. Ich hatte zu diesem Zeitpunkt die Wohnstätten aller dieser Emigranten schon aufgesucht.

Nach einem original Wiener Essen mit Fleckerlsuppe, Tafelspitz und Sachertorte, das die Schwiegertochter von Arnold Schönberg uns bereitet hatte, brachte ich die Sprache auf Thomas Mann, was ja in diesem Hause nahelag: Im Anhang zu Manns Tagebüchern hatte ich unter dem 20. April 1952 einen Brief zitiert gefunden, den er an Adorno geschrieben hatte: »Mit Schönberg war es so: Er hatte in einem englischen Blatt noch einmal etwas völlig Insipides von sich gegeben, und ich schrieb ihm, bevor ich unter seinen Schlägen endgültig zusammenbräche, müsse er mir erlauben, den Brief zu veröffentlichen, worin er mir seine volle Genugtuung über mein bereitwilliges Eingehen auf seine Wünsche ausgedrückt habe. Die Antwort lautete: Ich hätte ihn bezwungen und versöhnt, wir wollten das Kriegsbeil begraben und gute Freunde sein.« Und? fragte ich in die Tischrunde. War es so? Waren sie am Ende »gute Freunde«?

Man schwieg. Die Söhne von Schönberg schwiegen. Zögernd sagte die Schwiegertochter: Sie haben sich ja dann gar nicht mehr gesehen. Schönberg ist ja auch bald gestorben. – Die deutsche und die englische Ausgabe des *Doktor Faustus* wurden herbeigeholt, die jeweiligen Nachbemerkungen verglichen, in denen Thomas Mann feststellt, »daß die ... Zwölfton- oder Reihentechnik ... in Wahrheit das geistige Eigentum eines zeitgenössischen Komponisten und Theoretikers, Arnold Schönbergs, ist«.

Thomas Mann hatte kein Unrechtsbewußtsein, wenn er Teile aus der Realität, auch aus schon zu Kunst verarbeiteter Realität, in sein Werk hereinholte und sie mit ihm verschmolz. Arnold Schönberg soll bemerkt haben, hätte er – Thomas Mann – ihm etwas von dem Buch gesagt, an dem er schrieb, er hätte ihm extra dafür ein Stück komponiert.

In demselben Brief an Adorno, 1952 also, äußert Thomas Mann sich auch ausführlich zu seinen großen Bedenken über die Richtung, in die die USA sich politisch entwickeln (»... daß ein McCarthy nicht zu beseitigen ist ...«), und deutet seine Sehnsucht nach Europa an.

Aber so weit bin ich noch nicht, oder schon weiter. Herbst 1992, ich bin gerade erst angekommen in Santa Monica und ahne noch nicht, wie Zeitschollen aus verschiedenen Schichten der Jahrhundertchronik hier in Bewegung geraten, sich gegen- und übereinander verschieben werden, so daß mir oft schwindlig wird.

Da wäre die Gegenwart, in der ich lebe, Herbst 1992 bis Frühsommer 1993 – die Zeit, in der ich auch die Geschichte des deutschen Tonsetzers Adrian Leverkühn wieder lese, die ihrerseits das erste Viertel des Jahrhunderts umfaßt, aber viel später erst, nämlich in den vierziger Jahren, als Deutschland in dem von ihm angezettelten Krieg zugrunde geht, erzählt wird von seinem treuen Freund Serenus Zeitblom, dessen Schilderungen der Katastrophe des Kriegsendes ich bewegt folge, denn diese Katastrophe habe ich, anders als er freilich, miterlebt.

Zugleich aber, vierte Zeitebene, lese ich in den Tagebüchern des Thomas Mann, was ihm die Jahre abverlangen, in denen er sein Faustbuch schreibt: nämlich eine Fülle von Schreibverpflichtungen aus persönlichen und öffentlichen Anlässen, eine kaum vorstellbare Postlawine, die er gewissenhaft bearbeitet, seine regelmäßigen Rundfunkreden an die *Deutschen Hörer*, wochenlange Lesereisen in andere Teile der Vereinigten Staaten, eine schwere Operation nach einer Krankheit, deren wirklichen Charakter man ihm klugerweise verbirgt, und ein erstaunlich lebhaftes gesellschaftliches Leben in der Emigrantenkolonie in Kalifornien, dabei beginnende Auseinandersetzungen über die Zukunft Deutschlands nach dem Ende des Krieges. Als er das Buch abschließt, ist der Autor in seinem dreiundsiebzigsten Jahr.

Fehlt die fünfte Zeitebene, auf der wir uns treffen: die Jetztzeit, heute, der Tag, an dem ich vor Ihnen stehe und, nicht ohne Aufregung, dies alles erörtere. Die Tiefe der Zeit, hier tritt sie uns einmal anschaulich entgegen.

Mit neuer Erregung habe ich mich damals in den *Doktor Faustus* vergraben; ich las natürlich viele Bücher der Emigranten, die in dieser Region gelebt und geschrieben hatten, noch einmal oder zum ersten Mal. Der *Faustus* nahm mich auf besondere Art gefangen. Ich sah in ihm eine der radikalsten Selbstauseinandersetzungen der deutschen Intelligenz vor dem Nationalsozialismus, und ihr Kern war und ist mir des Teufels schauderhaftes Gebot an Adrian Leverkühn: Du sollst nicht lieben. Eine »Aura von Lebensgefühl, eine Lufthülle biographischer Stimmung« habe von Anfang an um den »thematischen Kern« dieses Buches gelegen, sagt Thomas Mann.

Nicht geliebt werden, nicht lieben können ist *das* Leid des Kleinen Herrn Friedemann, auch des Tonio Kröger, mit seinem traurigen Befund: »das Menschliche darzustellen, ohne am Menschlichen teilzuhaben«. Dieses Leid wird auch dem Gustav Aschenbach zuteil, und es wird in den großen Romanen bei einigen der Protagonisten als tiefste Seelenregung beschrieben. Das Thema Liebe kann man als eine der wichtigsten, vielleicht die wichtigste Erzählachse in Thomas Manns Werk sehen: Es rührt an die innerste Wesensebene des Autors, wo jenes Konfliktmaterial sich gleichzeitig verbirgt und unermüdlich arbeitet, das ihn zum Schreiben zwingt. Als sein persönlichstes Werk wird Thomas Mann den *Faustus* bezeichnen. Die persönliche Sphäre hat mich bei der neuerlichen Lektüre besonders gereizt, vielleicht weil ich mir, selbst in einer Lebenskrise, von diesem Werk der Krise irgendeine Art von Aufklärung und Beistand erhoffte.

»Herzpochendes Mitteilungsbedürfnis« habe ihn, Serenus Zeitblom, den schlichteren Lebensfreund des genialen, doch hoch gefährdeten Künstlers bewogen, sich an eine Biographie des Freundes zu wagen. Und er könnte dieses Wagnis nicht gültiger rechtfertigen als mit dem Bekenntnis: »Ich habe ihn geliebt – mit Entsetzen und Zärtlichkeit, mit Erbarmen und hingebender Bewunderung.«

Das habe der andere nicht getan, o nein. »Wen hätte dieser Mann geliebt? Einst eine Frau – vielleicht. Ein Kind zuletzt – es mag sein. … Wem hätte er sein Herz eröffnet, wen jemals in sein Leben eingelassen? … Seine Gleichgültigkeit war so groß, daß er kaum jemals gewahr wurde, was um ihn her vorging. … Ich möchte seine Einsamkeit einem Abgrund vergleichen, in welchem Gefühle, die man ihm entgegenbrachte, lautlos und spurlos untergingen. Um ihn war *Kälte.*« Dies steht nun auf der Seite fünf eines Romans, der sechshundertachtzig Seiten haben wird. Und noch immer in einem frühen Kapitel – es gibt schon erste Anzeichen, daß Leverkühn, wenn er das auch bestreitet, von der Musik besessen ist – mokiert er sich über die »Stallwärme« in der Musik, worauf Zeitblom sie ein »Gottesgeschenk« nennt und schlichtweg verlangt: »Man soll sie lieben.« Darauf Adrian: »Hältst du die Liebe für den stärksten Affekt?« – »Weißt du einen stärkeren?« – »Ja, das Interesse.« – »Darunter verstehst du wohl eine Liebe, der man die animalische Wärme entzogen hat?« – »Einigen wir uns auf die Bestimmung!«

Nun hat ja Thomas Mann fünf Jahre, ehe er diese Zeilen schrieb, nämlich überraschender- und bezeichnenderweise in seinem Beitrag *Bruder Hitler*, schon einmal in einem bedeutsamen Sinn von »Interesse« gesprochen. Er fühlt, daß es »nicht seine besten Stunden« sind, in denen er das »arme, wenn auch verhängnisvolle Geschöpf« haßt. Liebe und Haß seien große Affekte. Aber eben als Affekt unterschätze man gewöhnlich jenes Verhalten, in dem »beide sich aufs eigentümlichste vereinen, nämlich das Interesse«. Man unterschätze damit zugleich seine Moralität.

Widerstrebend, doch mit Interesse verfolgte ich die Fäden, die sich in den Texten von Thomas Mann zwischen zwei scheinbar einander ausschließenden Persönlichkeiten ziehen. Nicht einmal das Genie, in seinem Verständnis eine hoch problematische Anlage, will Thomas Mann diesem Hitler, diesem »duckmäuserischen Sadisten«, absprechen: »Wenn Verrücktheit zusammen mit Besonnenheit Genie ist (und das *ist* eine Definition!), so ist der Mann ein Genie.« Und er ist des Teufels.

Der andere aber, sein äußerster Gegenpart, besessen von seinem Werk, ein einziges Mal in seinem Leben von der Berührung einer Frau, die ihm ins Blut gegangen ist, tief verstört, muß diese Berührung wieder suchen, findet die Frau, Hetera Esmeralda, den durchsichtigen Schmetterling, meidet ihren Körper nicht, vor dem sie ihn warnt, genießt die Lust, die ihn vergiftet.

Das Gespräch mit dem Teufel führt – aber »führt« ist das falsche Wort – Adrian in Italien, 1913, vor dem ersten großen Krieg. Aufgeschrieben hat Thomas Mann es über die Jahreswende 1944/45 in Pacific Palisades, während die Nachrichten aus Deutschland das nahe Ende des Dritten Reiches signalisieren, dem der braven Serenus Zeitblom in der deutschen Kleinstadt Kaisersaschern mit Entsetzen und Trauer entgegensieht. Der Autor beendet die Aufzeichnung dieses Gesprächs im Februar 1945, drei Monate, ehe Deutschland kapituliert – eine unheimliche Parallelität. Im Tagebuch, das neben dem Teufelsgespräch herläuft, notiert er den Einfluß des Tagesgeschehens auf seine Schreibarbeit: »Im Ohr die hysterischen Deklamationen der deutschen Ansager über den ›heiligen Freiheitskampf gegen die seelenlose Masse‹ schrieb ich die Seiten über die Hölle, die wohl die eindringlichste Episode des Kapitels sind«, wobei er für die Hölle das Stichwort »Gestapokeller« im Kopf hat. Und immer dringlicher: »Kriegsmeldungen des Sinnes, daß es mit dem Reich zu Ende geht.« Er kennzeichnet den Abgrund von Schande, in den die Deutschen nun blicken müssen, den Abscheu und das Entsetzen, mit denen die Welt auf Deutschland blickt. Überlegungen zur Zukunft Deutschlands, heftig umstritten in den verschiedenen Emigrantengruppen. Thomas Mann gehört, schwer kritisiert von Brecht, zu denen, die es für unerläßlich halten, Deutschland zu »züchtigen«. »Ist es krankhafte Zerknirschung«, schreibt Zeitblom, »die Frage sich vorzulegen, wie überhaupt noch in Zukunft ›Deutschland‹ in irgendeiner seiner Erscheinungen es sich soll herausnehmen dürfen, in menschlichen Angelegenheiten den Mund aufzutun?« Das Jahr 1945, schreibt Thomas Mann, habe ihm »einen Hagel von Erschütterungen« gebracht. Und später, schon nach der Katastrophe des Adrian Leverkühn, läßt er dessen Biographen schreiben: »Deutschland selbst, das unselige, ist mir fremd, wildfremd geworden« ... Thomas Mann ist nicht nach Deutschland zurückgegangen.

Die letzten Seiten des Buches lese ich zu Anfang des Jahres 1993, unter Palmen im warmen Kalifornien. Das wüste Untergangsszenarium, das Serenus Zeitblom nun schildert (das sein Autor nicht gesehen haben kann), hat sich mir eingebrannt, Erinnerungsbilder begleiten die Lektüre. Und, als wäre das nicht genug: Wieder einmal ist ein deutscher Teilstaat, derjenige, in dem ich gelebt habe, dabei, unterzugehen, wenn auch unter nicht vergleichbaren Bedingungen; doch kann ich mich der Frage nicht entziehen, inwiefern und inwieweit dieser frühere Untergang mit dem jetzigen zu tun hat und inwieweit das Trauma jener frühen Jahre das Erleben und Handeln meiner Generation in der späteren Lebenszeit mit geprägt hat.

Ein Erinnerungsstrom überschwemmt mich, eine Art Phantomschmerz breitet sich aus. Abstoßende Meldungen in den Zeitungen, die mich erreichen. Und wieder diese prüfenden

Blicke: Die Amerikaner, die ich treffe, stellen mir irgendwann die unvermeidliche Frage: What about Germany? Ja: Was ist los mit Deutschland, wo Asylbewerberheime brennen, ein Präsident bei einer Friedenskundgebung mit Eiern beworfen wird? Ich muß plötzlich für das ganze Land sprechen, in dem ich ja nicht gelebt habe, und ich sehe, daß sie mir nicht glauben, wenn ich sage: Nein. Es ist nicht dasselbe wie damals und wird nie dasselbe werden. Wir werden verhindern, daß Demagogen nennenswerte Unterstützung bei der Mehrheit bekommen. – Aber wer ist »wir«? –

Zeit, von seinem genialen Werk durchglühte, »illuminierte« Zeit verspricht der Teufel dem Adrian Leverkühn, volle vierundzwanzig Jahre. Wenn er nur eine Kleinigkeit beachtet, eine nebensächliche Klausel: »Wenn du nur absagst allen, die da leben.« Leverkühn: »(äußerst kalt angeweht): Wie? Das ist neu. Was will die Klausel sagen?« Der Teufel: »Uns bist du, feine, erschaffene Creatur, versprochen und verlobt. Du darfst nicht lieben. ... Liebe ist dir verboten, insofern sie wärmt. Dein Leben soll kalt sein – darum darfst du keinen Menschen lieben.«

Wir wissen es: Leverkühn in seiner Einsamkeit auf dem Hof der Schweigestills ringt sich geniale, neuartige, nur wenigen eingängige Werke ab. Und, soll man sagen: dafür muß er sein Liebstes sterben sehen, den kleinen elfenhaften Schwestersohn Echo. Der Teufel holt ihn, so ist der Vertrag. Dieses Kind hat es wirklich gegeben, Frido, Thomas Manns Enkel, den er zärtlich und innig liebt. Wie er sein Sterben beschreiben konnte, habe ich nie verstanden. »Mit Leide« – nun ja, mit Leide. Einen erschütternderen Beweis für die Wirkungsmacht des Teufelspaktes hätte er nicht finden können, das muß man dem Autor zugestehen. Und doch: Heißt dies nicht, das Werk über das Leben stellen? Es weht mich jedesmal kalt an, wenn ich im Buch an diese Stelle komme, und ich beeile mich, sie zu überschlagen.

Die Zeiten sind härter geworden, seit der andere, Größere, Goethe, den Thomas Mann sein Leben lang schmerzlich verehrt, seinen Faust schuf. Der sollte dem Teufel verfallen sein, wenn er sich »aufs Faulbett« legte, Genüge fände am Augenblick des leeren Genusses. Dieser Faust aber, der am Ende skrupellos Untaten begeht, der sich, in blinder Selbsttäuschung, das Verdienst zuschreibt, einen riesigen Landgewinn für ein »freies Volk auf freiem Grund« geschaffen zu haben, während doch in Wirklichkeit die Lemuren im Hintergrund schon sein Grab schaufeln – dieser Faust kann »gerettet« werden – und zwar, in unserem Zusammenhang ist es wichtig, im Namen der Liebe: Von Liebe singt der Chor der Engel, der »Faustens Unsterbliches entführt«.

Die Zeiten sind schärfer, gnadenloser, hoffnungsloser und liebeleerer geworden. Ein »redlich Hineinpassen« ist der Kunst nicht mehr gegeben. Leverkühn versucht, das Uralte, Archaische, Nichtzivilisierte zu verknüpfen mit der Moderne: zu einem neuen Humanum. Es kann ihm nicht gelingen. »Humanismus, aus dem Barbarei hervorging«, heißt es schon im *Zauberberg*, und im *Faustus*: »Daß alles zu schwer geworden ist und Gottes armer Mensch nicht mehr aus und ein weiß in seiner Not, das ist wohl Schuld der Zeit.« Er aber, Leverkühn, hat »den Teufel zu Gast« geladen, das Gift der Hetera Esmeralda kreist in seinem Blut. »Messerschmerzen« hat er zu leiden wie die kleine Seejungfrau des Hans Christian Andersen bei jedem Schritt, wenn sie auf Menschenbeinen läuft, um der Liebe willen, die er nicht erfahren darf.

Was ihm bleibt, ist die Klage. Und die Zurücknahme: *»Es soll nicht sein.«* »Das Gute und Edle, was man das Menschliche nennt, obwohl es gut ist und edel. ... Es wird zurückgenommen. Ich will es zurücknehmen.« – »Was willst du zurücknehmen?« – »Die Neunte Symphonie.« In »Dr. Fausti Weheklag«, diesem »Lied an die Trauer«, ist es zurückgenommen, das Lied an die Freude: »Ja, wer auch nur eine Seele sein nennt auf dem Erdenrund! ...« Es gibt sie nicht, diese Seele. Für den Künstler Adrian Leverkühn soll es sie nicht geben: »Da seht ihr, daß ich verdammt bin, und ist kein Erbarmen für mich.«

Manchmal will mir scheinen, das Verdikt: Du sollst nicht lieben! sei nicht über einen einzelnen Menschen, sondern über eine ganze heraufziehende Epoche ausgesprochen, deren Liebesfähigkeit verkümmert, der Liebeserfüllung versagt ist und deren unterdrückte Sehnsucht in Massenexzessen wie der »Love-Parade« zum Ausbruch kommt.

Wie Sie wissen, verläßt Thomas Mann 1952 die USA, voll tiefer Sorge um die Zukunft ihrer Demokratie, die unter den Folgen des kalten Krieges leidet und schwer angeschlagen ist.

Eine erschütternde Eintragung findet sich am 20. Dezember 1952 in seinem Schweizer Tagebuch: »Mein Abnehmen, das Alter, zeigt sich darin, daß die Liebe von mir gewichen scheint und ich seit langem kein Menschenantlitz mehr sah, um das ich trauern könnte.« »And my ending is despair!« Diesen Klageruf des Prospero zitiert er wieder und wieder.

Worum hätten wir tiefer zu trauern als um den Verlust der Liebe? Wo aber Trauer ist, ist Hoffnung. Ich erlaube mir, noch einmal einen Zeitsprung zu machen, zurück diesmal in das Jahr 1914, als der *Zauberberg* endet, mit dem Beginn des ersten großen Krieges, in den Hans Castorp, »des Lebens treuherziges Sorgenkind«, sofort auf das Übelste hineingerissen wird. Seine »Aussichten sind schlecht«. Sein Autor aber beendet dieses Buch mit einer Frage, die, wie ich glaube, die Zeit, auch unser Atomzeitalter, überdauert: »Wird auch aus diesem Weltfest des Todes, auch aus der schlimmen Fieberbrunst, die rings den regnerischen Abendhimmel entzündet, einmal die Liebe steigen?«

2010

Begegnungen mit Uwe Johnson

Ich stelle mir vor, Uwe Johnson, der Mann, an den wir heute hier erinnern wollen, wäre unter uns. Er säße zum Beispiel, wie es ihm zukäme, in der ersten Reihe unserer Versammlung und wunderte sich, *daß* jemand und *wer* in seinem Namen einen Preis bekommen soll. Das wäre doch möglich. Das wäre doch normal, er war ja fünf Jahre jünger als ich, er könnte doch leben. Es müssen besondere Begleitumstände gewesen sein, die ihn mit knapp fünfzig Jahren sterben ließen.

Ich versuche, vorsichtig, einige dieser Umstände anzudeuten, indem ich schildere, wie ich ihn erlebt habe.

Soll ich sein Leben tragisch nennen? Ich halte das Wort zurück. Eine Versuchung, es zu verwenden, geht von dem Land aus, in dem wir uns befinden, in dem manche von uns leben, in dem er nicht bleiben konnte und nach dem er sich immer gesehnt hat. Mecklenburg. Es war Johnsons Land. »Aber wohin ich in Wahrheit gehöre, das ist die dicht umwaldete Seenplatte Mecklenburgs von Plau bis Templin, entlang der Elde und der Havel ...« Ich glaube, es gab zu seinen Lebzeiten kaum einen Menschen, der umfassender und genauer über Mecklenburg Bescheid wußte als er. Es gibt ein Verzeichnis der mecklenburgischen Orte, die in seinen Büchern, insbesondere in den *Jahrestagen*, vorkommen: Es sind über hundert. Sechshundert Bücher über Mecklenburg fanden sich in seiner Bibliothek.

Auf Johnsons letzter Reise durch Mecklenburg, von der noch die Rede sein wird, berührt er auch Neubrandenburg, und natürlich Güstrow – jene Stadt, in der er sieben Jahre gelebt hat, in der er auf die John-Brinckman-Schule gegangen ist, vor der heute seine von Wieland Förster geschaffene Stele steht. Ich war dabei, als sie enthüllt wurde, ich sah sie zuerst von schräg hinten und fand, der Bildhauer hatte die Haltung des Rückens gut getroffen, der sich, etwas gebückt, vom Betrachter wegbewegt. Und ich war mir bewußt, daß dieser Schriftsteller nun – als Denkmal – zurückgekehrt war in jene Stadt, die er, zusammen mit Grevesmühlen, zu seinem fiktiven Ort Gneez verwandelt hat, der für die Personen seiner *Jahrestage*, in der Mehrzahl Mecklenburger, eine so große Rolle spielt.

Ich streiche auf seiner Mecklenburger Liste die Namen der Orte an, in denen auch ich gewesen bin, ich komme auf knapp dreißig. Wie er sind wir ja im Frühjahr 1945 als Flüchtlinge in dieses Land gekommen, weiter westlich allerdings. Später kam dieser Teil Mecklenburgs mir aus den Augen. Heute biegen wir, aus Berlin kommend, bei der Abfahrt Malchow von der Autobahn ab – ein Ort, in dem Heinrich Cresspahl gelebt hat, den wir aber rechts liegen lassen, um in Richtung Sternberg über Goldberg und Dobbertin zu unserem kleinen Dorf am Rande der Mecklenburgischen Seenplatte zu fahren. Mancherorts hätten wir, Johnson und ich, uns damals begegnen können. Die Zeitverschiebung in unserem Leben hat das verhindert. Sie hat auch verhindert, daß wir in den gleichen Jahren im Hörsaal 40 an der Leipziger Universität die Vorlesungen von Hans Mayer hörten – jenem Professor, der das außergewöhnliche Talent seines Studenten Johnson erkannte und ihn ideell und materiell förderte.

Verfehlt haben wir uns auch, als Johnson im August 1982 zum letzten Mal in Güstrow war, als ein »Mr. Johnson«, Mitglied einer englischen Reisegruppe. Ein, zwei Jahre später begannen wir, nicht mehr als zwanzig Kilometer südlich von Güstrow, unsere Sommer in einem alten mecklenburgischen Pfarrhaus zu verbringen. Wie oft sind wir seitdem in Güstrow gewesen, haben Freunde von der Bahn abgeholt, haben ihnen die Stadt gezeigt, mit ihnen vor den Barlach-Skulpturen gestanden, den Schwebenden Engel im Dom besucht. Wie oft habe ich dabei an Uwe Johnson gedacht. Da war er schon tot. Da war er 1984 in einem entfernten Ort an der englischen Themsemündung gestorben. Sein Herz hatte »versagt«. Es war ihm zuviel zugemutet worden.

Als unser erstes Mecklenburger Haus abgebrannt war, hat Uwe Johnson mir eine Karte geschrieben: »Ich höre, Ihr Haus ist abgebrannt, kann ich etwas für Sie tun?« Wir kannten uns. Zum ersten Mal hatten wir uns im Februar 1974 getroffen. Wir wohnten damals in Kleinmachnow, ein Ort zwischen Berlin und Potsdam. Plötzlich war eine Stimme am Telefon, die ich merkwürdigerweise erkannte. Ob es uns recht wäre, wenn er uns besuchen käme. Er hatte natürlich schon die Ankunftszeiten der Züge auf dem Bahnhof Schönefeld recherchiert, dort mußten wir ihn abholen, weil er, soweit ich mich erinnere, keine Sondergenehmigung für das Umfeld von Berlin hatte, die er als Westberliner gebraucht hätte. Es gab also umständliche und peinlich genaue Verabredungen, wann mein Mann ihn in Schönefeld treffen würde. Er, Johnson, war dann doch eine Stunde zu früh dagewesen, enttäuscht. Er habe sich unter einem Bahnhof etwas mit Bewirtschaftung vorgestellt.

Wir waren erfreut und irritiert darüber, daß er zu uns kommen wollte. Später erfuhren wir, daß er *Nachdenken über Christa T.* gelesen hatte. – Eine etwas skurrile Gestalt in schwarzer Lederjacke, mit einem grünen Hemd, für das er, wie er sagt, lange herumlaufen mußte, weil er das Kunststoffzeug nicht vertrage, und einer flachen runden Schirmmütze. Ein großer Konfektkarton wird mir überreicht. Es habe nichts anderes gegeben. Er selbst lehnt Süßes ab, sein Arzt habe ihm dazu geraten, da er gegen Süßes eine Abneigung habe. Dann essen Sie es eben nicht.

Erst allmählich begreife ich, daß er weniger essen, vielmehr trinken will, und bekomme es mit der Angst zu tun, daß unsere mäßigen Alkoholvorräte seinem Bedürfnis nicht gewachsen sein würden. Eine Flasche Wodka wird gerne angenommen, Nordhäuser Korn lehnt er ab: Seine Großmutter habe ihn davor gewarnt, es sei dasselbe wie Nortak-Tabak. Dann schon lieber Ihren vorzüglichen Gin. Im Gegensatz zu seiner sonstigen Höflichkeit, sogar Förmlichkeit, bedient er sich selbst. Und wird allmählich lockerer, beginnt sogar von seinen Empfindungen zu sprechen: Hier bei uns wisse er zum ersten Mal nicht, welche Rolle er spiele; sonst komme er zu alten Freunden oder zu alten Feinden, die alle ihre Vorstellung von ihm hätten, hier sei er eigentlich gar nichts und benehme sich ganz falsch. Protest läßt er generell nicht gelten.

Mich streift eine Ahnung, wie einer lebt, der sich in jedem Augenblick bewußt ist, daß er eine Rolle spielt. Und was für eine Spannung in ihm entstehen muß, wenn zwei Rollen miteinander streiten: An diesem Nachmittag ist es nach meiner Meinung die Rolle des höflichen, wißbegierigen Gastes und die eines übergenauen Kontrolleurs. Kein Wunder, wenn diese Spannung sich, auch bei anderen Gelegenheiten, manchmal in einem Ausbruch entlädt.

Im Lauf des Nachmittags zeigt sich, daß er jede Äußerung, jedes Schweigen von mir genau registriert und oft falsch gedeutet hat. Einer Korrektur mißtraut er. Auch versteht er manchmal nicht unsere Art von Ironie: Als ich mit normaler Stimme in einem normalen Satz »unsere Menschen« sage, glaubt er, mich bei einer ernstgemeinten Phrase ertappt zu haben. Er erzählt, wie man ihm seine Ironie in Mecklenburg abgewöhnt habe, als man ihm angesichts seines Erstaunens über im August noch nicht abgeerntete Felder ins Gesicht hinein behauptet hätte: Wir mähen eben nur sonntags.

Sein eigentliches Interesse gilt unserem Verhältnis zur DDR und seinem Verhältnis zur DDR. Wie müßte der Satz heißen, will er wissen, der, parallel zu Brechts Vorschlag: Minsk ist die langweiligste Stadt der Welt, über die DDR geschrieben werden sollte, um anzuzeigen, daß man über alles offen schreiben könne: Ich kann oder will keinen einzelnen Satz formulieren; etwas von einer »vertanen Chance« müßte darin vorkommen, meine ich, Johnsons Vorschläge weise ich als zu apodiktisch zurück. Ich muß wohl das Wort »Dialektik« verwendet haben, er sagte plötzlich: Auch er bemühe sich ja, Marxist zu sein.

Er fragt viel. Er setzt sich in seiner Phantasie eine Eisenbahnerfamilie zusammen, Vater, Mutter, zwei Kinder, die in Leipzig leben sollen. Er will alles über sie wissen. Ich habe das Gefühl, ihm nichts Neues sagen zu können, er nennt Einzelheiten, die mir unbekannt sind. Zwischendurch, bei negativen Schilderungen, wird er ironisch und belehrt uns: Das glaube er nicht. Er lese ja schließlich das *Neue Deutschland*.

Dann wieder fühlt man sich wie in einer Prüfung vor einem anspruchsvollen Examinator: Er fordert Geschichten, die ich schreiben müßte. Das könne doch besonders ergiebig sein vom Standpunkt dessen, der einmal geglaubt habe. Ob es für mich kein Problem gewesen sei, in die Gesellschaft für deutsch-sowjetische Freundschaft einzutreten. Ob die Arbeiter sich hier wirklich als sozialistische Eigentümer fühlten. In der Bundesrepublik könnten sie jedenfalls um ihre Lebens- und Arbeitsbedingungen kämpfen. Hier hätten sie doch keine Mitbestimmung. Aber – das ist sein großer Vorbehalt gegenüber dem Land, das er vor fünfzehn Jahren gegen die DDR eingewechselt hat (er sei nicht freiwillig gegangen, sondern »verdrängt« worden, und im Westen verteidige er die DDR!), sein Vorbehalt also: daß das Dritte Reich in der Bundesrepublik noch immer nicht überwunden sei.

Es scheint, als argwöhne er, wir würden es ihm verübeln, daß er die DDR verlassen hat, und er müsse diesen Schritt verteidigen. Dafür sind ihm negative Belegstücke aus unserem Leben recht. Dann wieder sucht er doch noch nach Anlässen für Hoffnung. Wann also könne dieser Satz geschrieben werden, der die DDR das langweiligste Land der Welt nenne. Geschrieben – jederzeit, sage ich. Gedruckt – kaum. Johnson sagt: Aber dann seh ich schwarz.

Der Gin ist alle. Große Diskussion um die Rückfahrt. Er traut unseren Auskünften nicht, am liebsten würde er selbst einen Fahrplan studieren, er läßt den ersten Zeitpunkt für die Abfahrt verstreichen, wir bringen ihn zum nächsten Zug. Zum Glück bemerkt er dann nicht, daß der drei Minuten früher abfährt als angekündigt. Als er ins Auto einsteigt, sagt er: Nun fühle ich mich wieder wie ein schuldiger Greis. Mit seinem abwegigen Schuldbewußtsein (wie ich es damals noch sah) baut er in den anderen auch ein Schuldgefühl auf, und er akzeptiert keine Richtigstellung. – Unsere Töchter, sagt er später am Telefon, hätten ihn doch verabscheuen müssen, häßlich wie er sei. Unsere Töchter waren hingerissen von ihm, das glaubte er einfach nicht.

Unterwegs sagt er: Die Dörfer hätten als authentische Kulisse für den Film *Affäre Blum* dienen können, das scheint ihm zu gefallen. Er spricht über den Tod der Bachmann, mißtraut der offiziellen Verlautbarung, will wissen, was mir am meisten von ihr gefallen habe. Ja, sagt er, *Was ich in Rom sah und hörte* sei eine der besten Sachen, die je in deutscher Sprache geschrieben wurden.

Auf dem Bahnsteig möchte er, daß ich meine Brille wieder abnehme. Ich tue es. Ja, sagt er, viel besser. Auf dem Bahnsteig sagt man immer die dümmsten Sachen, nicht? – Er bedankt sich für den Nachmittag, steigt in die S-Bahn ein. Als sie anfährt, ehe die Türen zugehen, beugt er sich heraus und macht mit zwei Fingern das V-Zeichen. Dieses Bild hat sich mir eingeprägt, ich kann es mir jederzeit wieder heraufrufen.

In diesem Nachmittag, in dieser ersten Begegnung, war, ohne daß ich das schon wissen konnte, »in der Nußschale« alles enthalten, was ich später nach und nach an ihm entdecken und mit ihm erleben sollte: daß er zu den Menschen gehörte, über die der Spruch verhängt war: So und nicht anders zu sein. Hinter dem auffallenden »noli me tangere«, das wie Anmaßung und Hochmut aussehen konnte, in den späteren Jahren wohl Einsamkeit verbarg, seine tiefe Sehnsucht nach Bindung, an die er dann aber unerfüllbare Ansprüche stellte, so daß sie zu seiner qualvollen Enttäuschung nicht ewig hielt. Dann der schwere, unendlich schmerzliche, traumatische, langwierige Prozeß, sich aus einer solchen Bindung zu lösen, der bis zur seelischen Katastrophe führen konnte und den Kampf mit einem inneren Widerspruch, der bei jedem Schriftsteller, aber bei ihm besonders, zu den wichtigsten Schreibantrieben gehört, lahmlegte bis zur Schreibunfähigkeit. Unendlich verletzlich sein und zugleich unduldsam die höchsten Ansprüche auf Vollkommenheit stellen, an sich und andere.

Einmal endete ein Besuch bei ihm in Westberlin, zu dem uns sein Freund Max Frisch mitgenommen hatte, in einem erbitterten Streit, den allerdings nur er und seine Frau Elisabeth, die rigoros war wie er, bestritten: Sie warfen mir vor, daß man in der DDR nicht kompromißlos schreiben könne. Nun war mir dieses Problem ja täglich bewußt, ich versuchte, ihnen darzulegen, wie ich damit umging. Sie wollten nichts davon hören und blieben bei ihren Anklagen. Max Frisch versuchte zu schlichten. Später sagte er, solche Szenen erlebe er bei Johnsons häufiger.

Uwe Johnson gab mir zu denken.

Als er bei uns war, hatte er mir gesagt, das Buch, an dem er jetzt schreibe, habe in einem Jahr fertig sein sollen, er habe sich vorgenommen, an jedem Tag den vorhergegangenen zu beschreiben, und ein Stück Vergangenheit dazu, jeden Tag zwei bis drei Seiten. Jetzt arbeite er fast sieben Jahre daran. Er gehe jeden Morgen um zehn ins Büro, nehme sich eine Thermosflasche Kaffee und belegte Brote mit, dann erledige er zuerst die Post, über die er sich beklagte, das sei gerade sehr viel, weil seine Bücher in Schulen gelesen würden, aber man merkte, daß er stolz darauf war. Abends um sechs gehe er nach Hause. Von den *Jahrestagen*, einem der großen Projekte der deutschen Nachkriegsliteratur, waren da schon drei Bände erschienen. Mit einer schier unglaublichen Präzision wurde ein schier unüberschaubarer Personenkosmos durch deutsche Vergangenheit und Gegenwart – besonders die Geschichte Mecklenburgs – geführt und zugleich ein Jahr der Nachkriegsgeschichte der USA dargeboten: Eine verzwickte, äußerst ergiebige Konstruktion, die vom Autor über die Jahre hin ein Übermaß an Konzentration und Fleiß verlangte. War ihm bewußt, daß er sich damit als einer der bedeutenden, bleibenden Autoren in die Geschichte der deutschen Literatur einschrieb?

Hat es ihn, wenn er sich dessen bewußt war, vor der letzten Verzweiflung bewahrt?

Über Begegnungen will ich berichten. Erst zehn Jahre nach dem dritten konnte der vierte und letzte Band der *Jahrestage* erscheinen. Das Manuskript hatte er gerade dem Verlag übergeben, es würde noch im gleichen Jahr erscheinen, als er noch einmal zu uns kam. Das war im Oktober 1983. Wir wohnten in einer Altbauwohnung in der Friedrichstraße. Da stand er vor der Tür, ein gebeugter, rotgesichtiger Mann mit einem Lilienstrauß und einem Konfektkarton, frierend. Die schwarze Lederjacke, Jackett, der schwarze Mützendeckel. Ich war zufällig allein. Ich erschrak, weil ich wußte, was ihm inzwischen geschehen war: Wie sollte ich ihm begegnen?

In der Erinnerung kommt es mir vor, als ob das Zimmer – das typische Mittelzimmer einer Berliner Wohnung – dunkel war, obwohl es sicher genauso hell war wie sonst. Und ich sehe seine Gestalt als dunklen Schattenriß gegen das Fenster zum Hof. Die Atmosphäre war, das habe ich damals schon so empfunden, düster, unheimlich. Uwe – ich nannte ihn »Uwe« und Sie, er mich standhaft »Frau Wolf« –, Uwe lehnte zuerst den Cognac ab, den ich, zögernd zwar, doch hingestellt hatte. Er trank drei Kannen Tee. Ein mäanderndes Gespräch begann, das strotzte vor Befangenheit. Worüber sprachen wir denn? Über Sheerness-on-Sea, in der Grafschaft Kent in England, wo er seit 1974 wohnte. Über die Lage seines Hauses an der Themsemündung. Über das Munitionsschiff aus dem Zweiten Weltkrieg, das in Sichtweite vor der Küste lag und jederzeit explodieren konnte. Die Kneipe, die er endlich gefunden habe, die er täglich aufsuche und in der man ihn eines Tages »Charles« getauft habe. Und so heiße er nun. Einer der anderen Gäste brachte ihm, als er gehört hatte, er, Johnson, habe Schwierigkeiten mit seinem Parkettboden, eines Tages eine Parkettreinigungsmaschine. Und als er sich wegen seines Herzinfarkts wochenlang nicht sehen ließ, entsandten sie eine Delegation zu ihm: Ob vielleicht irgendein Wort gefallen sei, das ihn verletzt habe? Und als er dann wieder erschien, stand sofort einer auf und räumte ihm seinen gewohnten Platz ein. Andere kamen, berührten ihn am Arm: Wieder okay? – Hatte er etwas wie Heimat gefunden?

Und doch: Sein immerwährendes Heimweh nach Mecklenburg. – Hervorragend, teilweise urkomisch, erzählte er von jener Zwölftagereise mit der englischen Reisegruppe. Übrigens habe er Stephan Hermlin gebeten, höheren Orts nachzufragen, ob er nicht für ein Jahr in Rostock still leben könnte. Einmal hatte er zu uns in vollem Ernst gesagt: Gerne würde er den Nationalpreis der DDR bekommen.

Ich merkte, er gierte danach, sich mitzuteilen. Ich versuchte es ihm zu erleichtern durch vorsichtig herantastende Fragen. Schließlich sagte ich, wie man ins kalte Wasser springt: Ich habe Ihre Vorlesungen (*Begleitumstände*) nämlich gelesen. Darauf er, wie aus der Pistole geschossen: Natürlich hätte ich mir die vorletzte Seite sparen können. Aber ich wollte nicht länger erpreßbar sein.

In den »Frankfurter Vorlesungen«, die er auf Drängen seines Verlegers Siegfried Unseld 1979 hielt, nennt er bekanntlich auf dieser »vorletzten Seite« die Ursache für eine jahrelange Schreibhemmung, erwähnt eine katastrophale Nachricht, die seine Ehe und nach seiner Meinung die Integrität seiner Arbeit in Frage stellte. Und als ob das nicht genug wäre – es war ihm nicht genug! –, glaubte er an eine Verschwörung zwischen verschiedenen Geheimdiensten: zu dem einzigen Zweck, die Vollendung seiner Arbeit zu verhindern. »Eine Beschädigung der Herzkranzgefässe war begleitet von einer Beschädigung des Subjekts, das ich in der I. Vorlesung eingeführt habe als das Medium der schriftstellerischen Arbeit, als das Mittel einer Produktion.« Hier möchte ich das Wort »tragisch« doch wieder in Anspruch nehmen. – Mit einem kaum vorstellbaren Willensaufwand gelang ihm die Fertigstellung des vierten Bandes der *Jahrestage*. Das war er der Gesine Cresspahl schuldig, ihrem Kind Marie, dem Jakob und der Ingrid Babendererde. Bei allen diesen seinen Personen sah dieser Autor sich in der Pflicht.

Über das meiste, das wir an jenem Nachmittag noch miteinander sprachen, werde ich schweigen. Es gab Sätze, die mich erzittern ließen vor Mitgefühl, andere, die mich erschauern ließen vor Ablehnung und Schrecken. Seine Wunde war immer noch offen. Ich wußte, daß man ihn nicht trösten, ihm nichts abhandeln konnte von seinem Schmerz. Mein Versuch, an sein menschliches Verständnis als Autor für eigene Fehlhandlungen und für das Fehlverhalten anderer zu appellieren, wurde mit immer demselben Satz abgewehrt.

Wieder kam er auf das Problem der Rolle zurück, eine verhängnisvolle Rolle, in die man ihn diesmal gedrängt habe, die ihn, auch wenn er sich ihrer nicht bewußt war, auf Dauer beschädigen mußte. Da ließ er keinen Einwand zu. Er bemühte absurde Konstruktionen, um seine Sicht auf den »Fall« als die einzig mögliche darzustellen. An einer Stelle konnte ich mich nicht zurückhalten, ich rief: Hier fängt Ihr Wahn an! Darauf er: Ich sage ja nicht, daß es so ist. Ich sage: Ich glaube, es ist so gewesen.

Mein Mann war dazugekommen. Uwe fing wieder zu trinken an, ging dazu über, mich mit »gnädige Frau« und mit »Komteß« anzureden. Er hatte einen glänzenden Einfall: Er wollte bei mir ein »geheimes Konto« einrichten, auf das wollte er alle Wörter und Sätze einzahlen, die er durch seinen »inneren Zensor« streichen lasse, um der DDR nicht zu schaden. Da werde einiges zusammenkommen, das sollte ihm zugute gehalten werden. Und als nächstes: Wir sollten einen ganz offenen Briefwechsel miteinander beginnen über unser Leben in den beiden Deutschländern. Dieser Vorschlag war ernst gemeint und gefiel mir. Aber ich konnte über ihn angesichts der doppelt verklebten Briefe, die bei uns ankamen, nur lachen.

Uwe Johnson blieb an diesem Tag mehr als sieben Stunden bei uns. Wir sollten es ihm nicht übelnehmen, daß er so lange bleibe, aber er sei ganz allein in Berlin und sei ganz gerne bei uns – das sagte er, schon betrunken, in Berliner Dialekt. Ich war sehr bedrückt, als er ging. Noch bedrückter dann über die Tatsache und die Umstände seines Todes nur ein halbes Jahr später. »Die Wahrheit zu sagen«, hatte er in einem Brief an einen Freund aus Güstrow geschrieben, »war ich ja auch bloß gekommen wegen des Ausblicks vom Kamm des Heidbergs, (eines Bildes, dessen ich) gewärtig zu sein hoffe in der Stunde meines Abscheidens.« Da ich, gerade in bezug auf ihn, jedes Urteil scheue, möchte ich an dieser Stelle einige nachdenkliche Sätze einfügen, die Siegfried Unseld, der treue Verleger und verläßliche Freund dieses – und nicht nur dieses – Autors, nach dessen Tod geschrieben hat: »Uwe Johnson wollte immer das Absolute ...: unabhängig, unbestechlich, ungehorsam. Man muß hinzufügen: unbeugsam, eigenwillig. Er hatte Recht auf seine Haltung. Aber was ist Recht bei nur menschlich zu lösenden Problemen? Und hilft es, Recht zu haben? Und kann das Recht nicht auch auf unrechte Weise geschehen? Und hat nicht der, der liebt, Recht, hat er nicht sein Recht?«

Ja: Ich glaube, Nachdenklichkeit, Verständnissuche sind Haltungen, mit denen man sich dem tief widersprüchlichen Leben des Uwe Johnson nähern sollte. Und Bemühung um Einsicht in die enge, unlösbare Verzahnung dieser Biographie mit den Zeitumständen, in die sie gestellt, denen sie ausgeliefert war. Und mit der ganz eigenen, eigensinnigen Art und Weise, mit der dieser Autor ihrer Herr zu werden versuchte: in einem Werk, das seinesgleichen sucht.

War Uwe Johnson heute unter uns? Hätte er mein Reden über ihn als Zuwendung verstanden, als die es gemeint war, und als bewegte, teilnehmende, trauernde Verbundenheit, die ich über die Jahre hin ihm gegenüber empfinde? Dieser Preis gab mir Anlaß, mich dessen noch einmal zu versichern. Ich danke Ihnen dafür.

2010

C Gespräch im Hause Wolf über den in Vers und Prosa G sowohl als auch stückweis anwesenden Volker Braun

C ... der ja glücklicherweise auch hier als Person anwesend ist, der heute noch gar nicht Geburtstag hat, dafür aber seine Frau Anne, der wir von Herzen gratulieren – auch dazu, daß sie das lange Zusammenleben mit einem schwierigen Menschen, der auch noch Autor ist, bravourös gemeistert hat und meistert. Aus Liebe, vermuten wir.

... Zur Sache. Zu Volkers Sachen. Das wird natürlich *Nach Lage der Dinge* eine bodenlose Angelegenheit, und wir müssen uns, auch im Interesse derer, die uns zuhören, nicht nur auf das *Wirklichgewollte*, sondern auf das Wirklichnotwendige beschränken.

G *Wie es gekommen ist* und *Was noch kommt.*

C *Der Sommer ist vor der Tür.* Wir können es nicht anders machen.

G Wie es gekommen ist? Ich habe schon davon erzählt, wie mir zu Anfang der sechziger Jahre als Lektor eines Verlages –

C – es war der Mitteldeutsche, der viel später die bisher gültigste Ausgabe von Volker Brauns *Texten in zeitlicher Folge* über die Wende hinaus herausgab –

G – damals also, vor gut vierzig Jahren, war es, daß mir die respektlosen Verse eines jungen Mannes, knapp über zwanzig, auf den Redaktionstisch gerieten, die sich von allem unterschieden, was mir bis dahin untergekommen war. Ihre drastische Redeweise – Worte zueinandergerückt in waghalsigen, pathetischen Formationen, deren Perioden sich oft galoppierend lustig und paradox in extreme Assoziationen überschlugen, so daß alltägliche Szenerie und große Historie forciert unmittelbar nebeneinander in die Zeilen gerieten, Redensarten und Sprüche – heute sagt man »Slogans« –, die tatsächlich Verse ergaben, Phrasen und Zitate, die zu bis dahin nicht vernommenen Metaphern wurden, die der Autor seitdem, heute seiner Sache längst gewiß –

C *Es genügt nicht die einfache Wahrheit –*

G – souverän ausgebaut hat:

Ich Hans Arsch Märtyrer Dichter Held
Wer kennt sich selbst *Hier ändre ich die Welt*
Hier kann ich es Wer weiß was er vermag
Und was du tust sagt erst der andre Tag

C Das war *Ein bodenloser Satz,* lieber Volker, einer von mehreren, die wir gerne zitieren, manchmal schleicht sich ans Satzende im Lauf der Jahrzehnte anstatt des Ausrufezeichens ein Fragezeichen: »Hier ändre ich die Welt?« Vershaltig, prosaisch, stückweis bist du bei uns anwesend, öfter auch »leibhaftig«, ihr wohnt ja gleich um die Ecke, du und Anne, habt euch uns seit langem, auch in kritischen Tagen, als Freunde geöffnet, übrigens auch briefweis: *Das werden sie uns büßen, die Angsthasen!,* schreibst du mir, erbost über eine zu niedrige Auflage eines meiner Bücher. Es ist schon so: Wir haben Volkers Texte parat oder wissen, wo wir nachschlagen müssen –

G – um zum Beispiel mit ihm zu sagen:

C *Ich den alles trifft und der alles vergißt*
Mit einer furchtbaren Hoffnung bewaffnet …

G *Ich der alles trifft und den alles vergißt*
Mit dieser offenen Wunde in den Gedanken.

C Schmerzhafte Dialektik, ja, da kennt er sich aus, grimmiges Gelächter hat nicht zuletzt er uns gelehrt, er, der sich mit seinen Texten dem Angriff der Zeit aussetzt wie kaum einer, der seine Ziele hoch steckt und sie zugleich, wie jeder wahrhaftige Autor, ständig anzweifelt, sich selbst und uns *Rede und Antwort* steht über *Die Rolle, die jeder von uns spielte*, schon seit *Provokation für mich,* seinem ersten Gedichtband, als er, auf seine Weise, auch unseren *Stoff zum Leben* fand –

G – so daß man sich, über schwierige Verse hinweg, mit einem Blick verständigen konnte, wenn wir uns fragten, *Wie es gekommen ist*, und er, Volker Braun, *Nach dem Massaker der Illusionen* weiter fragt:

Wie lange hält uns die Erde aus
Und was werden wir Freiheit nennen

C *Aus dem dogmatischen Schlummer geweckt*

G *Du träumst, nicht wahr, du träumst mit Konsequenz*

So könnten wir uns die Bälle weiter zuwerfen. Es ist schon so: Ich könnte nahezu ein halbes Jahrhundert des 20. und auch das erste Jahrfünft des 21. Jahrhunderts mit Volker Brauns Versblöcken pflastern, die er in ganz bestimmte Strecken eingeschlagen hat und die nun wie Granitfindlinge aus all den Jahren unseren Weg markieren.

C Die immer noch Stolpersteine sind, Steine des Anstoßes, weil sie zu ihrer Zeit gesellschaftliche Zustände mit einem Satz, mit einem Schlag trafen. Von welchem zeitgenössischen Dichter könnte man das schon sagen.

G Texte verschiedener Genres, geschrieben *Gegen die symmetrische Welt*, deren Stoßrichtung nach Hölderlin nicht nur auf eine Schwachstelle in unserer Zivilisation, sondern auf eine »Menschenharmonie« zielte. »Aber die Besten unter den Deutschen«, sagt Hölderlin, »meinen meist noch immer, wenn nur erst die Welt hübsch symmetrisch wäre, so wäre alles geschehen«, und Braun antwortet – schon 1966, und es gilt noch heute: *Der technische und der ideologische Fortschritt können nicht mehr so kraß auseinanderklaffen, wenn die gesellschaftliche Entwicklung bewußt und alle dienlichen Tätigkeiten nutzend vollzogen wird. Wenn sie harmonischer wird, nicht einseitig und aus Verlegenheit auf einzelnen Gebieten hypertrophierend.*

C *Wir und nicht sie*, forderte Volker, was hieß, wir sollten uns üben im *Training des aufrechten Ganges*, wie die *Rechtfertigung des Philosophen* – wir wissen, wen er meinte – es dringlich erhoffte.

Was immer kommt ist besserschlechter oder als
Was mir die Augen öffnet, nicht die Lippen.

G Auftritt *Hinze und Kunze* – noch immer unter uns, das Marketing gelernt und die Automarke gewechselt, dauerhafte Gestalten. Und: Auch Merkmale der *Übergangsgesellschaft* erkennen wir wieder –

C – und wieder sehen wir, der *Große Frieden* steht noch immer in den Sternen –

G – und *Die Verhältnisse zerbrechen* gelingt uns so wenig, wie Georg Büchner es vor mehr als anderthalb Jahrhunderten schon wußte –

C so daß wir, *Nach Lage der Dinge*, nur wiederholen können:

Auf dem gefährlichen Boden, wo man Stellung bezieht,
wo Absichten wurzeln, wo ein Narr die Arbeit macht,
der scheitern will, und Gelingen ist Scheitern.

G *Aber der Narr will nicht* nennt just – Zufall? – sein Kollege Christoph Hein seinen neuen Essaiband.

Lustgarten. Preußen hat Volker Braun eine strenge Auswahl seiner Gedichte genannt – wir hätten sie weit umfangreicher angelegt –, sie stehen nun zum Vergleich mit denen, die von Peter Hacks oder Rainer Kirsch als »Kunst in der Mark Brandenburg« gesehen werden. Volkers Verse sind offener und sarkastischer, ohne Konkurrenzgetändel, ohne Sottisen.

C Ein Gedicht ist dabei, das mir für den vom Feuilleton so dringlich gewünschten Wenderoman gilt –

G – *Das Eigentum*, ein Gedicht, das, von Vers zu Vers sich steigernd, in lauter Hauptsätzen nichts als Klartext redet, der stehen bleiben wird als Zeugnis für eine Epochenwende, da *Der Planwagen der Händlerin Und der Eisenwagen der Genossen* aufeinander stießen:

C *Was ich niemals besaß wird mir entrissen.*
G *Was ich nicht lebte, werd ich ewig missen.*
C *Die Hoffnung lag im Weg wie eine Falle.*
G *Mein Eigentum, jetzt habt ihrs auf der Kralle.*

C *Wann sag ich wieder* mein *und meine alle.*

G *Schreiben im Schredder* – einst und jetzt, eine nüchterne Feststellung. Nicht durch widrige Zeitumstände, nicht durch Verführung zu künstlerischer Attitüde hat Volker sich davon abbringen lassen, sein *Terrortorium* präzis zu vermessen –

C – immer *mit spitzem Fuss auf dem Weltriss*, das ist sein Ort, immer mit Blick auf die *verstreuten, tätigen Gefährten.* – *Wir sind aus solchem Stoff, wie Akten sind*, schrieb er mir einmal aus gegebenem Anlaß, und: *Darum müssen wir aufeinander achtgeben.*

G Wir kommen zum Ende.

C Sind wir ihm gerecht geworden? Haben wir ihn, zum Beispiel, als sinnlichen Autor genügend gewürdigt? Als wirklichen sinnlichen Menschen?

Der Stoff zum Leben, der nach Liebe schmeckt
Und Salz und Tod, ich habe ihn geleckt.

G So sagt er, mit großer Gebärde, um schon auf der nächsten Seite einen *Tagtraum* zwischen Nord und Süd – und auch unser Zwiegespräch – also zu beschließen:

Der Lorbeer bloßen Wollens hat nie gegrünt!
Und irrdisch ist und fahrlässig unsre Bahn
Ich muß auf eine Seite, muß es.
Aber ich ahne nur meine Worte.

Damit, mit unserer *sträflichen Liebe* auf *frischer Tat* beenden wir für heute unser Gespräch –

C – und überlassen Volker *Die Heidenarbeit gegen den Schnee der Verse.*

2004

Autobiographisch schreiben

Zu Günter Grass' *Beim Häuten der Zwiebel*

Unverhüllt autobiographisches Schreiben ist unter den vielfältigen Schreib-Möglichkeiten zugleich die leichteste und die schwerste: leicht, weil der oder die Schreibende sich im Stoff bewegt wie der Fisch im Wasser; weil alles bekannt, vertraut ist, nichts erfunden werden muß (oder darf) – vielleicht, daß, um des lieben Friedens willen, einige Namen verändert, einige Handlungsorte verschleiert werden. Aber man schöpft aus der Fülle.

Das schwerste ist es, weil es, soll es gelingen, bekennendes Schreiben sein muß, was meistens heißt: Es muß weh tun. Es muß mühsam sein. Es muß an die Nieren gehen. Es wird von Krisen begleitet sein, nicht nur von den unvermeidlichen Schreib-Krisen, sondern von Persönlichkeitskrisen, von Selbstzweifeln, die den Kern des eigenen Selbstverständnisses betreffen; nicht zuletzt aber von der Hemmung, das, was man sich selbst eingesteht, was man endlich ausgesprochen hat, nun auch der Öffentlichkeit auszusetzen.

Daß man das schließlich immer wieder wagt, läßt sich unter anderem durch einen merkwürdigen, in den Genen von Autoren anscheinend angelegten Vorrat von Naivität erklären, der sich offenbar immer wieder auffüllt und den Autor, die Autorin trotz aller gegenteiligen Erfahrung letzten Endes, unbewußt natürlich, immer wieder, indem sie ihr Buch veröffentlichen, auf ein Wunder hoffen läßt, auf Verständnis.

Ich spreche also von Günter Grass, der beim Häuten der Zwiebel sich selbst häutet und seine Haut zu Markte trägt – so kann man wohl dieses im Text nicht immer stimmige Bild deuten. Aber ich spreche auch aus der Generation heraus, der er wie ich angehören und der in unserer Lebenszeit, der jüngeren Geschichte dieses Landes, das noch vor kurzem zwei Länder war, kein harmloser, von Brüchen, Widersprüchen, Belastungen, Fehlleistungen, Versagen freier Lebenslauf zugewiesen ist. Nach einem umfangreichen Erzählwerk, das diese Motive immer wieder aufnimmt, mal schwächer, mal stärker, oft in phantastischer Form, hat Günter Grass sich, spät, entschlossen, sie direkt und auf seine Person bezogen anzugehen: ein Prozeß – passendes Wort – der Selbstfindung, mit dem Risiko, verlorenzugehen in dieser Zeit, die nicht enden will. Ein deutsches Buch.

Lesern ist zu raten, sich nicht, was möglich, sogar naheliegend ist, von Episode zu Episode, von einem erzählerischen Kabinettstück zum anderen tragen zu lassen – gekrönt etwa durch das Epos vom bessarabischen Koch im Gefangenenlager –, vielmehr auf die unscheinbareren Texte in diesem Buch zu achten, auf die Zwischenstücke, die Scharniere zwischen den Erzählpartien: Nämlich, wenn den Autor die Unzuverlässigkeit seines Gedächtnisses irritiert, das ja parteiisch ist bis zur skrupellosen Tatsachenverdrehung, zu schweigen von seinem Hang zum Vergessen; Ausfälle noch und noch, die Grass nicht überbrückt, sondern deutlich macht, er bietet Varianten an, fern von Gewißheiten. Oder wenn er, der Autor, große Schwierigkeiten bekommt, zu seiner früheren Inkarnation einfach »ich« zu sagen, und sich damit behilft, diesen Fremden, der er einmal gewesen sein soll, »er« zu nennen: eine Lektion, die jeder lernen muß, darüber, wie sicher wir unserer oft mit Stolz gerühmten Identität sein können.

Wie oft in seinem Leben wird man ein anderer? »Das mir in frühen Jahren entschwundene Ich muß ein leeres Gefäß gewesen sein«, sagt der betroffene Erzähler, und, beim Betrachten eines frühen Paßfotos: »Der mir fremde Finsterling ...« Und immer wieder die Warnung vor der Täuschung über die »Wahrheit« von Erinnerung: »Die Erinnerung fußt auf Erinnerungen, die wiederum um Erinnerungen bemüht sind.« Verschachtelungen, raffiniert angelegt, die nicht leicht zu durchschauen sind. Es sei denn, man geht ernsthaft in die Tiefe und will – oder kann – sich nicht mehr mit der Oberfläche der Erscheinungen zufriedengeben.

Ich finde in diesem Buch Stellen, Offenheiten, Bekenntnisse, Nachforschungen, die ich nicht einzeln herauspicken will, die tiefer in das Wesen, den Charakter des Autors eindringen als seine Bücher bisher und die eigentlich schwerer zu offenbaren gewesen sein müssen als jene Mitteilung von seiner mehrmonatigen unfreiwilligen Zugehörigkeit zur Waffen-SS als siebzehnjähriger Soldat.

Ich will diese Tatsache seines Lebens nicht leichter nehmen, als er selbst sie nimmt, dem »noch jetzt, nach über sechzig Jahren, das doppelte S im Augenblick der Niederschrift schrecklich ist«. Und der eben deshalb wohl – nur diesen einen Satz möchte ich dazu sagen – es bis jetzt nicht über sich gebracht hat, darüber zu sprechen. Dies kann man ihm vorwerfen, und man hat es ja, wie ich glaube, im Übermaß getan; sicherlich von Schreibern, das will ich doch voraussetzen, die selbst immer frank und frei mit den Fehlern und Peinlichkeiten ihres Lebens umgehen.

Daß viele von ihnen, besonders die Jüngeren, vielleicht nicht in solch tiefgehende Gewissenskonflikte geraten wie wir und viele unserer Generationsgenossen, liegt ja daran, daß die gesellschaftlichen Verhältnisse sich verändert haben. Da möchte ich doch fragen, ob nicht auch die beharrliche Kritik und das andauernde Engagement eines Günter Grass, seine Zivilcourage über die Jahrzehnte hin zu dieser Veränderung ihr Scherflein beigetragen haben, die ihm jetzt, unter dem Schlagwort »moralische Instanz«, höhnisch angekreidet wurden.

Ich hätte ihm allerdings – die meiste Zeit als Beobachterin von außen – bei mancher Gelegenheit mehr moralischen Beistand gewünscht, den er selbst, auch das scheint vergessen, so manchem Kollegen, der in Bedrängnis geriet, geleistet hat, übrigens auch mir. Unerwähnt auch, daß ein einzelner oder eine Minderheit, die sich gegen Fehlentwicklungen im eigenen Land stemmen, nie ungeschoren davonkommen; immer gibt es viele, oft eine Mehrheit, die sehr laut und oft ungerecht und sehr schmerzhaft gegen sie vorgehen, Grass hat es reichlich erfahren.

Wer das Buch ganz und gründlich gelesen hätte, hätte bemerken können, daß hier jemand eine Gewissensnot aussprechen muß, die sich stärker auf gewöhnliche Verhaltensweisen bezieht als auf ein spektakuläres Ereignis: auf das, was im Tausendjährigen Reich viele von uns gläubig gedacht, gefühlt, getan oder unterlassen haben, für das er aber, überempfindlich, könnte mancher sagen, die üblichen Entschuldigungen, zum Beispiel, daß er ein Kind war und dadurch verführbar, nicht gelten läßt. Das auszusprechen, darüber das Schweigen zu brechen, war ihm notwendig und in der Ich-Form jetzt erst möglich.

In dieses Gewebe von Erzählen und Enthüllen und Zweifeln und Nachdenken und Über-sich-selbst-Reden hinein, in diesen Erinnerungsstrom konnte auch jene Episode endlich eingefügt und mitgenommen werden, die natürlich Betroffenheit auslösen mußte, die dann aber als einzige aus dem ganzen Buch hergenommen wurde und sich als Anlaß für einen Skandal eignete. Verurteilen statt des Versuchs, zu verstehen und sich auseinanderzusetzen, nachzufragen und – aber das ist wohl zuviel verlangt – sich selbst zu prüfen. Wieder ist eine Gelegenheit zum kollektiven Nachdenken verpaßt.

Die Beklemmung, die dieses Buch in mir ausgelöst hat, ist anderer Art. Grass schildert, nach seiner Ausbildung als Panzerschütze der Waffen-SS-Division »Jörg von Frundsberg«, seinen ersten und einzigen Kriegseinsatz, und wie er es lernt, sich zu fürchten. Wie die Apokalypse über ihn hereinbricht, wie er keinen einzigen Schuß abgibt und dreimal beinahe zu Tode kommt. Der Krieg in seiner mörderischsten Form. Dreißig, vierzig Seiten, die ich beim zweiten Lesen am liebsten überschlagen hätte. Die auch Grass, und mit ihm Tausende Kriegsheimkehrer, in sich zunächst »überschlagen«, nämlich verdrängt und beschwiegen haben, so wie andere Deutsche, auch Tausende, die

Täter nämlich, die Untaten beschwiegen haben, an denen sie beteiligt waren.

Ein Bild tauchte vor mir auf und läßt sich nicht abschütteln: Auf einer breiten Schicht von Knochen, den vermodernden Knochen der Opfer, wird Nachkriegsdeutschland aufgebaut: Heil und sauber und zuversichtlich. Und lange Zeit schweigend. Auch das kann man aus diesem Buch, besonders aus der sehr anschaulichen Schilderung der Nachkriegszeit, lernen: Wie lange man brauchte, bestimmte ungeheuerliche Tatsachen zur Kenntnis zu nehmen, und dann noch einmal lange, über manche eigenen Erlebnisse zu reden. Und die meisten, das wissen wir, reden nie.

Daß eben dieses Unaussprechliche doch zur Sprache kam, war eine der schwierigsten Aufgaben, denen die Schriftsteller sich mit ihren eigenen Geschichten zu stellen hatten. Günter Grass hat in der vordersten Linie daran mitgearbeitet. In diesem Buch erzählt er auch, wie er seine literarischen Figuren, vor allen anderen und immer wieder Oskar, den Trommler, aus seiner Lebenswirklichkeit heraus genommen hat, die er, wie jeder Autor, ausbeuten muß.

Bis auf den Grund? Nicht ganz. Ein Rest blieb, es war noch nicht alles gesagt.

»Es verging Zeit«, schreibt er, »bis ich in Schüben begriff und mir zögerlich eingestand, daß ich unwissend oder, genauer, nicht wissen wollend Anteil an einem Verbrechen hatte, das mit den Jahren nicht kleiner wurde, das nicht verjähren will, an dem ich immer noch kranke.« Dieses Zögern und das Eingestehen und das Begreifen beschreibt Günter Grass in diesem Buch. Ich wünsche mir, daß Leser bereit sind, ihm in diesen Selbstfindungsprozeß hinein zu folgen.

2007

Der Tod als Gegenüber

Zu *Überlebnis* von Ulla Berkéwicz

Dieser Text – so will ich ihn vorläufig nennen – hat keine Gattungsbezeichnung. Vergebens wird man versuchen, ihn in eines der geläufigen literarischen Genres einzuordnen, welche die abendländische Kultur über lange Zeiträume hin entwickelt hat, um mit Sprache außersprachliche Realität zu erfassen und dabei eine neue Realität herzustellen – übrigens ein erstaunlicher Vorgang, an den wir uns vielleicht zu sehr gewöhnt haben. Eine sehr zählebige Gewohnheit: Trotz verschiedenster vielfältiger Ausbrüche der Moderne aus dem herkömmlichen Kanon der Schreibweisen verlangt es die Masse der Leser und Zuschauer nach Geschichten mit Anfang, Mitte, Ende – eine Struktur, die uns schon die Märchen unserer Kindheit eingeprägt haben und die wohl am ehesten dazu angetan ist, unsere Gemüter zu besänftigen, die durch die bloße Teilnahme am Alltagsleben dieses Jahrhunderts in Furcht und Schrecken versetzt werden. Selbst wenn eine Geschichte nicht ausdrücklich mit einem Happy-End erfreut, scheint doch der Handlungsbogen, auf den man sich verlassen kann, scheint das immer wieder neu gemischte Ensemble von Personen – die wir nicht mehr »Helden« nennen – schon beruhigend zu wirken. Und die Frage, wieviel und welche Art von Realität diese Techniken noch erfassen können, die besonders das 18. und das 19. Jahrhundert uns überliefert und die in der Erzeugung von Spannung ein unglaubliches Raffinement erreicht haben, wird bei der Romanlektüre, am Fernsehabend kaum gestellt.

Hier nun aber, in dem neuen Text von Ulla Berkéwicz, keine Handlung, keine vorhersehbare Struktur, kein Anfang, Mitte, Ende. Nicht der Ansatz einer »story«. Und auch keine Figuren, die, in Konflikte verwickelt, Träger einer Entwicklung würden.

Was aber dann?

Ein Sprechen, das zu übermitteln versucht, was sich der Sprache entzieht, ein ungeheurer Erfahrungsbereich, den wir mit dem Wort »Tod« zu bannen suchen. In diesem Buch wird geliebt, es wird gestorben, es wird das Sterben begleitet, es werden die Fassungslosigkeit und die Trauer um einen Verlust nicht »benannt«, sondern in dem Text aufgehoben. Das »Thema« aber, das hinter diesen nicht ungewöhnlich klingenden Stichwörtern steht (von Liebe und Tod haben wir doch auch anderswo schon gelesen), ist ein umfassenderes, grundsätzlicheres: Es ist die Spannung zwischen »Realität« – das, was wir sehen, hören, riechen, tasten können – und »Wirklichkeit«, das Immaterielle, Geistige, das unsichtbar, doch mächtig wirkt.

Diese Spannung hat Ulla Berkéwicz in ihren Büchern früh spüren lassen. Sie hat ihre Figuren, oder, zumeist, die Erzählerin, in den Zwiespalt gestellt zwischen der Aufklärung – der Erhellung des Geistes durch Vernunft – und der dürren Ratio, zu der die Aufklärung vielerorts geschrumpft ist, die als wahr nur nimmt, was errechen- und meßbar ist. Während die Naturwissenschaftler sich zu fragen begannen: Was ist es, was uns da ständig durch das Netz unserer immer genauer werdenden Meßmöglichkeiten schlüpft?

Ulla Berkéwicz unterlegt ihren Bericht vom Sterben mit essayistischen Einschüben. Sie ist fasziniert von den neuesten Forschungen der Physiker, die sagen, für ihre jüngsten Fragen und Erkenntnisse fehle ihnen noch die Sprache. Die womöglich zahlreichen Dimensionen unseres Universums, die sie erahnen und die unser dreidimensionales Raum-Zeit-Verständnis weit hinter sich lassen würden, entziehen sich noch der Untersuchung und also auch der Benennung. Unsere fünf Sinne, so lieb und so unverzichtbar sie uns sind, bilden nicht zuverlässig und gewiß nicht vollständig ab, was ist. Daß die Welt der Sinnesempfindungen nicht die einzige Welt ist; daß es noch andere Welten geben mag, Antiwelten, sagt man schon versuchsweise, »dunkle Materie« – das sollte nicht nur die Physiker, das sollte auch die Literaten beunruhigen. Daß »die Welt nicht alles ist, was der Fall ist«. Die Kräfte aber, die wir nicht messen noch berechnen können, walten weiter.

Diese Kräfte mit ihren Mitteln zu erfassen ist das eigentliche Anliegen der Erzählerin. Nachts, wenn ihr bang ist, fragt sie sich: Ob ihre »Erfindungen Wirklichkeit ergaben, und für wen«.

Dieses Buch ist ein Totenbuch. Nicht, indem es wie die Totenbücher der alten Ägypter Schriften und Bilder sammelt, um sie den Toten ins Grab zu legen, damit sie wüßten, was sie den verschiedenen Göttern und Dämonen, denen sie begegnen würden, zu sagen hätten. Sondern indem sie es ihren, der Erzählerin, Toten widmet.

»Der Tod hat es mir angetan, von meinem Anfang an«, sagt sie. Nicht, weil sie todessüchtig wäre. Im Gegenteil, sie ist lebenssüchtig und empfindet den Tod als ein Verhängnis, als etwas Ungeheuerliches, dem sie nicht ausweichen kann, dem sie sich stellen muß. Ihr erstes Buch heißt *Josef stirbt*, da erzählt sie zum ersten Mal vom Sterben eines Menschen, eines alten Bauern, dem sie beiwohnt. Sie sieht hin. Sie sieht und benennt jede Einzelheit, alle die schamlosen Äußerungen und Anstrengungen des Körpers, die zum Tode führen und vor denen ein anderer wohl lieber die Augen verschlossen hätte. Da stellt sie zum ersten Mal die Frage: Wo gehen wir denn hin, wenn wir sterben?

Dieses Buch heißt *Überlebnis*. Das Wort kommt einmal im Text vor: Der Vater hat ihr erzählt, wie er in einer »Nazinacht« mit einer jüdischen Pianistin am Klavier Bach gespielt habe, die Toccata. Wie sie auf einmal, wider alle Vorsicht, die Fenster aufgerissen und den Bach »hinausgedroschen« hätten. »Und stell dir vor«, habe der Vater ihr gesagt, »kein Mensch hat sich gerührt. Ein Überlebnis.« Das ist eine der Einstreuungen jüdischer Geschichten aus der Tradition jüdischer Vorfahren und anderer naher Menschen, die aus dem Gewebe dieses Textes hervortreten und ihm eine besondere Tiefe geben. Wie die Erinnerungen an den Arzt, Alik, Alka, Alika, Arkascha, der aus Kiew kommt, der Strahlenopfer von Tschernobyl behandelt hat, der in Amsterdam gelebt hat und dem sie die »gestundete Zeit« verdankt und anvertraut, bis seine eigene Zeit abgelaufen ist und auch er stirbt und sie auch diesem Tod beiwohnt. Sie setzt ihm in diesem Buch ein unvergeßliches Memorial. »Totsein heißt in der Zukunft sein«, hat er gesagt. Was heißt das denn. In diesem Buch stehen viele Fragen.

Es ist eine Beschwörung von Erinnerung. »Wo ist das jetzt, was war?« »Die Angst, die mich treibt, ist die zu vergessen. ... Wenn ich durch Gedankenfluchten eindringe in Vergangenheitsräume, Herzkammern, in denen das Gewesene, das Verschmerzte wie das Unverschmerzte, überdauert, fortfährt, nie vergeht, wenn das Erinnern sich ereignet, das Innewerden, Innesein« ... Das ist, was in diesem Buch geschieht. Das Erinnern greift weit zurück. Kindheitsszenen steigen auf, Besuche in Kranken- und Sterbezimmern an der Hand des Vaters, Blicke in die Pathologie, Faszination durch Rembrandts *Anatomie des Dr. Tulp*, der, indem er den Leichnam seziere, »die Selbstoffenbarung Gottes in der menschlichen Anatomie vor Augen führe«. Das war des Vaters ärztliches Credo. Das Leben im Kindheitshaus, das erfüllt ist vom Gedenken an die Bedrükkung in den Jahren des Dritten Reiches, die Nächte mit der jüdischen Großmutter, der das Kind die Frage stellt: Was geschieht mit den Toten?, und die ihm davon spricht, wie die Seeleneinheit des Menschen zerriß, als er begann, statt Gott sich selbst zu lieben. Und das Kind hört vom Gottesfunken, der in den Gebeinen des Toten bleibe bis zum Tag der Auferstehung. Und die Großmutter spricht ihm mit den Worten der Kabbala von den drei Stufen, in denen die Seele den Körper verläßt und der Tod geschieht. »Doch alles, was einmal eins war, kann niemals vollends auseinanderkommen.«

Die Sehnsucht nach dem Mysterium und nach der großen Liebe. Da zieht sie »die Bühnenschuhe an«. »Vorstellung, Einbildung, Simulation, Emulation – Theater?« »Die Leere mit Theater füllen zu wollen.« Da liest sie in den Schöpfungsmythen der Alten. »Hat denn die Liebe uns den Tod gebracht?«

»Oder wir. Wir standen voreinander. Wir sagten ja. Ja, sagte ich. Ja, rief er mir.

Und hier beginnt die Erzählung.«

Eine Erzählung von der Liebe, die angstvoll erlebt, wie ihre Zeit abläuft. Nachts als Gebet das fehlende Elfte Gebot: Du sollst nicht sterben.

Es ist der Mann, der stirbt. Die Frau, die dieses Sterben begleitet. Zuerst in jenen unheilvollen glühend heißen Pfingsttagen auf einer Intensivstation, auf welcher der Patient nichts anderes ist als ein krankes Stück Fleisch, auf der man nichts weiß von den Einsichten der neueren Medizin, von der heilenden Kraft der Gedanken, die man in dem Kranken wecken müßte, und wo gerade das fehlt, was der Heilende dem Leidenden entgegenbringen müßte: Einfühlung, Ehrfurcht. »Auf den Monitoren über den Betten steht, was die Instrumente messen. Gemessen wird, was meßbar ist.« »Der Mann ist jetzt ein Fall.« Der Fall wird den »von uns selbst erfundenen Maschinen« überantwortet, »die wir verzweifelt für berechenbar halten wollen«. Und der Ärztehierarchie, die als »Chefvisite« durch die Krankenzimmer fegt. »Als sei, seit ich an Vaters Hand durch die Gänge der Klinkerkliniken getanzt war, das Herrenmenschentheater nicht von den Spielplänen gestrichen, als sei die Mitläuferposse nicht längst schon abgespielt.«

Und zwischen den düsteren Klinikbildern, wo jeder in seine Rolle hineingezwungen ist, Assoziationen über Wirkungen des Theaters: *»Was wir uns aber vorstellen, geschieht. Die Figur betritt die Bühne und sucht den Tod. ... Der Tod kommt in fünf Akten. Die Todesangst vereint das Publikum. Das Publikum vereint sich in der Todesangst mit seinem Helden.«*

Hier wird vom Sterben erzählt in fünf Kapiteln. Die Todesangst liegt dem sich überschlagenden Getriebe unserer Spaßgesellschaft zugrunde. Wir wollen uns den Tod vom Leibe halten. Auf den Seiten, von denen hier die Rede ist, geht die Erzählerin ganz nah, ganz schutzlos an den Tod heran. »*Seit uns kein Gott mehr spricht, herrscht Schweigen übern Tod bis in den Tod. Nie war die Angst so groß, nie war sie so gefürchtet, nie wurde die Angstfrage heimlicher gestellt, nie war die Angstgemeinschaft so verschworen, ignorant und konsequent … Die Angst ist eine Heidenangst … Wir ignorieren, treiben hier- und dorthin von uns ab und finden erst zu uns zurück im letzten Angesichte unserer Endlichkeit mit dem einsilbigsten Einsilber Tod als Gegenüber …*«

Und »*so wird dem Sterbenden das Recht verweigert, zu erfahren, daß er stirbt, und bis in den Tod hinein von ihm verlangt, sich zu verhalten, als ginge es um Überleben*«.

Ein Lebensbuch. »Nie lebt man so sehr, wie wenn man stirbt.« Der wirklichen Wirklichkeit, dem Lebendigsten, auf der Spur. Jener Spur, die, wie die Neurowissenschaftler heute wissen, jeder Gedanke, jedes Gespräch, jede Erfahrung in den Synapsen und Neuronenbahnen unseres Gehirns erzeugen, und so schaffen sie Gedächtnis, machen Erinnern möglich: Kontinuität – Voraussetzung für die Herausbildung einer Person. Wo also Immaterielles in Sicht- und Meßbares übergeht und nun, wer hätte das gedacht, die Wissenschaftler verschiedener Disziplinen sich in der Erforschung der Energie als der Grundlage auch des materiellen Seins begegnen. »Leben ist Energie und wandelt sich in seinem Lauf um in Erinnerung« – dies wäre eine Selbstaussage, die den Intentionen der Erzählerin am nächsten kommt. Und die, nach einer langen Zeit der strikten Trennung von Wissenschaft und Literatur, erste Andeutungen einer möglichen Berührung zwischen beiden macht.

Und eben dies: Daß Energie unzerstörbar ist, bleibt die Gewißheit, an welche die Überlebende sich halten kann. Kein billiger Trost, keine Minderung der Angst, der Trauer, die in ihrer ganzen Gewalt zugelassen werden. Während der Sterbende sich entfernt, mit einer Welt in Kontakt tritt, in die die Zurückbleibende ihm nicht folgen kann. »Kommst du mit?« Eine »Erwartung, die« sie »nicht erfüllen kann«. Der Sterbende stirbt. »Der Spalt reißt auf.« Das Jenseitsland erscheint für Bruchteile einer Erdensekunde. Sein ungeheurer Name: Ewigkeit.

Die Sprache, die sich dem Sterben gestellt hat, stellt sich nun, mit dem notwendigen Abstand von Jahren, dem »reinen Hernach«. Der Tod mit seinem ganzen Schrecken. »Dann ist der Schrecken heilig.« Die Verstörung der Überlebenden. Der Schmerz in seiner Urgewalt. Das Hinuntersteigen in den »Schrekkensgrund«. Die unbegreifliche und unannehmbare Katastrophe, daß, was immer man von der Unzerstörbarkeit von Energie erhoffen, denken, wissen mag, wie immer man die Dauer von Erinnerung beschwören mag, doch mit jedem Toten der ganze Kosmos, den er im Lauf seines Lebens in sich aufgenommen, entwickelt, ständig erweitert, im wörtlichen Sinn verkörpert hat, für immer dahingeht: Ein unersetzlicher Verlust. Das ist der Klage wohl wert, die denn auch durch die Jahrhunderte angestimmt wird und in Dichtung, Literatur, Lied und Musik erklingt. Nichts könnte menschlicher sein. Und kaum etwas bestürzender, als wenn die Trauer und die Klage in unserer Gegenwart vermieden werden und an ihrer Stelle die namenlose Entsorgung der Toten stattfindet und eine unsägliche Wortererfindung eine unsägliche Praxis bezeichnet: »Bestattungstourismus«. Was heißt, eine der ältesten Traditionen mißachten, die aus der Ur-Zeit unserer Kultur auf uns gekommen ist, weil man ihre Bedeutung nicht mehr kennt und sie nicht mehr zu brauchen glaubt. Sie hat aber ihren Sinn. Ihre Preisgabe führt zu einer folgenschweren Verarmung der Werte, auf die wir uns beziehen oder doch beziehen sollten. Nicht zufällig hat in unserer Sprache das Wort »Gedächtnis« eine doppelte Bedeutung: als Ort für Erinnerung und für Gedenken.

Dieses Buch stellt sich auf neue Art in diese Tradition. Es ist schonungslos offen, unerschrocken persönlich, nicht aber »privat«. Seine Sprache, meditierend, fragend, nachdenkend, klagend, erfindungsreich, umkreist eine unheilbare Wunde. Und es ist auf – darf das Wort hier stehen? – beglückende Weise überpersönlich: die Allgemeinheit angehend, jeden betreffend. Es rührt an die Substanz unseres Selbstverständnisses. Und es bestärkt uns im humanen Umgang mit den Toten, mit den Lebenden, miteinander.

2008

2.

Rede, daß wir dich sehen

Versuch zu dem gegebenen Thema »Reden ist Führung«

An dem Tag, an dem ich beginne, diese Rede niederzuschreiben, hörte und sah ich folgende Meldungen: Antrittsrede eines der nominierten Präsidentschaftskandidaten der USA. »Auf einem Parteitag der unkritischen Reflexion und Huldigung«, so ein Kommentator, soll »eine einzige Rede zur Realität zurückführen«; was zwar nicht geschieht, aber es sei eine »gut geschriebene, wenn auch nicht perfekt vorgetragene Rede« gewesen, und vor allem: »zur besten Fernsehzeit über die Sender gegangen«. Ein beträchtliches Team von Redenschreibern wird lange an diesem Text gearbeitet haben.

Am Abend in den Fernsehnachrichten: Die Shell-Mitarbeiter, die von jungen Anwohnern des Niger-Deltas als Geiseln genommen wurden, sind unversehrt wieder frei. Auf dem Bildschirm erscheint ein Dorfältester, ein würdevoller schwarzer Mann, der sagt: Unser Problem ist: Wir haben keine Stimme. – Die Region ist als Folge der rücksichtslosen Ausbeutung ihres Reichtums Öl durch einen global agierenden Konzern zerstört, ihre Menschen sind ins Elend getrieben worden. Sie haben keine Stimme. Wir hören sie nicht.

Derselbe Tag: Ein Abgeordneter von Bündnis 90 / Die Grünen meint, auf der Festveranstaltung zum zehnten Jahrestag des Beitritts der DDR zur Bundesrepublik Deutschland dürfe der frühere Bundeskanzler nicht als Redner auftreten. Wir haben erlebt, wie intensiv um diesen Punkt gestritten wurde.

»Reden ist Führung«? Zeigen diese aktuellen Beispiele nicht: Zunächst und vor allem bedeutet das Privileg, öffentlich das Wort zu ergreifen, Einfluß und Macht, und der Kampf um das Rede-Recht ist ein Machtkampf. Ich spreche, wie Sie merken, von der politischen Rede – einer wichtigen Untergattung aus dem schier unüberschaubaren Bereich der Gattung »Rede«, zu dem natürlich auch Predigt, akademische Vorlesung, Fest- und Gedenkrede, Laudatio und Dankrede, das Plädoyer vor Gericht gehören. Daß politische Reden nicht nur von Politikern gehalten werden, wird auch mein Beitrag belegen. Doch wer zu wem worüber öffentlich sprechen darf, wird in der parlamentarischen Demokratie kaum dem Zufall überlassen. So war es kein zufälliger Lapsus, daß zum zehnten Jahrestag des Mauerfalls im Bundestag ursprünglich kein Redner aus der DDR vorgesehen war. Der Vertreter der DDR-Bevölkerung war vergessen worden aus dem gleichen Grund, aus dem der Bundeskanzler im Frühsommer vor dem Parlament zu den in den neuen Bundesländern gleichbleibend hohen Arbeitslosenzahlen bedauernd sagte: Die sind leider noch nicht so weit wie wir. – Dieser spontane Satz, der natürlich keinem Redenschreiber unterlaufen wäre, enthielt echte Empfindung, die wohl von vielen Westdeutschen geteilt wird; ich verstehe und respektiere diese Empfindung und bin dankbar, daß sie, wenn auch versehentlich, ausgesprochen wurde.

Ein solcher Satz hätte im Deutschen Bundestag, denke ich, zu einer aufrichtigen Debatte um den mentalen Stand der deutschen Einheit führen können, mit Rede und Widerrede, mit dem Bekenntnis zu den Fremdheitsgefühlen auf beiden Seiten, auch zu Zorn und Enttäuschungen, eine Debatte ohne Unterstellungen und mit dem Mut der Rednerinnen und Redner, ohne Rücksicht auf Fraktionszwang und auf die eigene Klientel ihre Meinung zu sagen. Womit ich diese meine Wunschvorstellung von »Rede als Dialog« selbst in das Reich der Utopie verwiesen hätte. Die Reden, die wir am 3. Oktober hören werden, werden von anderer Art sein.

Ein Wort habe ich mit unserem Thema zusammengebracht, das Sie vielleicht verwundert hat: Empfindung. 1977 hat der Literaturwissenschaftler Hans Mayer, den ich einen meiner Lehrer nennen darf, in Nürnberg eine Rede gehalten, der er die Überschrift gab: *Das deutsche Selbstempfinden.* Er leitet das merkwürdig schwache Selbstgefühl von uns Deutschen, das sich in Selbsthaß äußern oder zu Nationalismus aufblähen und in Haß und Gewalt gegen unsere Nachbarn, gegen Fremdes und Fremde ausbrechen kann, aus unserer Geschichte her – aus jener »deutschen Misere« seit den Bauernkriegen, die die Herausbildung einer nationalstaatlichen Basis bei den Deutschen verhindert hat – anders als bei Franzosen und Engländern. Als bei unseren westlichen Nachbarvölkern eine neue Welt mit einer großen Blüte der Kultur sich gegen das Mittelalter durchsetzte, standen, sagt Hans Mayer, die »Gedanken und Empfindungen« der deutschen Schriftsteller und Philosophen allzu oft »im Schatten einer politischen und gesellschaftlichen Niederlage« und »im Gegensatz zu den politischen Ordnungen«. Dieser frühe Dualismus von Geist und Macht hat das deutsche Selbstempfinden an der Wurzel geschädigt, bis heute, behaupte ich. »Auf der Suche nach dem deutschen Selbstempfinden« könnte man eine Traditionslinie in unserer Literatur und Philosophie, aber eben auch in der Redekultur der Deutschen überschreiben; lassen Sie mich Ihnen, unsystematisch und unvollständig, dafür einige Beispiele nennen.

Die deutsche Aufklärung wies der Rhetorik, der Kunst der Rede, einen herausragenden Platz zu – kaum überraschend, da sie ja von der edlen Natur und der Erziehbarkeit des Menschen überzeugt war. Weil sie, anders als in Frankreich, gesellschaftlich folgenlos blieb, wurden – fast hätte ich gesagt: statt dessen – hohe moralische Anforderungen an den Redner gestellt. Einer der frühesten Aufklärer, Johann Christoph Gottsched, Mitglied der »Vertrauten Rednergesellschaft«, verlangt, »daß ein Redner ein ehrlicher Mann sein muß«, »tugendhafter« als seine Mitbürger, weil er »eine Kunst in seiner Gewalt hat, die sehr viel Nutzen schaffen kann, wenn sie wohl angewandt wird«. Wozu angewandt? Nun eben, die Zeitgenossen herauszuführen aus der »selbstverschuldeten Unmündigkeit«. Schreibend, redend entwickelt diese kleine Gruppe gebildeter Männer das Ideal des aufgeklärten, sittlich denkenden und handelnden, dem Gemeinwohl und der Nation – das Wort kommt immer häufiger vor – verpflichteten Bürgers. Der Citoyen, nicht der Bourgeois deutscher Nation war in den Köpfen und in den Reden dieser Männer vorgebildet, jedoch das schwächliche Bürgertum, dem sie entstammten – arme Elternhäuser, Pfarrer, Lehrer, Handwerker, auch niederer Adel –, war nicht imstande, die politischen und ökonomischen Verhältnisse zu schaffen, aus denen heraus sich freie, selbstbewußte Bürger hätten entwickeln können. Das deutsche Selbstempfinden sammelte sich im deutschen Untertan – ein Typ, den die Literatur aufzuspüren und zu schildern begann, der sich von da an unheilvoll durch die Jahrhunderte zieht und mit dem deutsche Politiker, auch als Redner, rechnen mußten und wohl auch noch müssen: In seiner heutigen Ausformung begründet er sein Ressentiment gegen deutsche Staatsbürger anderer Herkunft mit seinem »deutschen Blut« und seiner Angst vor »Überfremdung«. Und weiß nicht, daß seine heutigen irrationalen Vorurteile ins 17. und 18. Jahrhundert zurückreichen, in denen Deutschland es versäumte, einen modernen Rechtsstaat wie in England und Frankreich zu entwickeln.

»Vernunft!« ist eines der Fahnenwörter jener Riege wackerer Männer im 17., im 18. Jahrhundert, und sie glaubten an den Sieg der Vernünftigen. Wenn die Realität dem Ideal gar zu sehr widerspricht, macht man sich Illusionen. Nicht ohne Rührung betrachten wir gründlich desillusionierten Heutigen das Gemälde, das Schiller in seiner Rede *Was heißt und zu welchem Ende studiert man Universalgeschichte?* von seiner Epoche entwirft: Ein »großer Schritt zur Veredlung« sei geschehen; jedoch, so sagt er immerhin, »auch in unser Zeitalter haben sich noch manche barbarische Überreste aus den vorigen eingedrungen, ... die das Zeitalter der Vernunft nicht verewigen sollte«. Und, bestürzende Selbsttäuschung: »Die europäische Staatengesellschaft scheint in eine große Familie verwandelt. Die Hausgenossen können einander anfeinden, aber hoffentlich nicht mehr zerfleischen.« So gesprochen im Mai 1789, im Jahr der

Französischen Revolution, in dem die Franzosen durch die »barbarischen« sozialen Verhältnisse, aber nicht zuletzt auch durch unerhörte Reden zu unerhörten Taten getrieben wurden und die europäische Staatenfamilie in Gestalt ihrer gekrönten Häupter, aufs höchste alarmiert, nicht zögert, sich gegen ihr abtrünniges Glied zu verbünden und in Marsch zu setzen, das deutsche Kontingent immer dabei, mit ihm als Begleiter seines Herzogs – Goethe.

Reden, wie die Franzosen sie zu hören kriegen, werden in Deutschland fast nicht gehalten; eine hochinteressante Ausnahme muß ich nennen. »Mitbürger!« hebt der Naturwissenschaftler, Weltreisende, Schriftsteller Georg Forster seine *Rede über die Vereinigung des rheinisch-deutschen Freistaats mit der Frankenrepublik* an. Zeit der Handlung: März 1793; Ort der Handlung: Mainz. Forster, Präsident des Jakobinerclubs, spricht als Abgeordneter des »Rheinisch-deutschen Nationalkonvents«, des ersten modernen Parlaments auf deutschem Boden, aus der revolutionären Bewegung in den Rheinländern hervorgegangen. Der »jungen Freiheit« aber »drohen die Myrmidonen der Despoten«, sprich die Koalitionstruppen der deutschen Landesherren. Forster sieht keine Rettung als den Anschluß der Rheinlande an das »edle Volk der Franken«. Man möge beschließen, ruft er aus: »Die freien Deutschen und die freien Franken sind hinführo ein unzertrennliches Volk!« Diesen Beschluß trägt Forster mit zwei anderen Delegierten nach Paris. Tage später besetzen die Koalitionstruppen Mainz. Forster stirbt, vereinsamt, kaum ein Jahr später im Exil.

Er war, soweit ich sehe, der erste Deutsche, der, verzweifelnd an der Rückständigkeit seines Vaterlandes, so weit ging, um der Freiheit und um der sozialen Gerechtigkeit willen die nationale Identität hintanzustellen. Dieser Versuch mußte scheitern. Georg Forster reiht sich ein in die Reihe der an den deutschen Zuständen gescheiterten Schriftsteller, an die fast anderthalb Jahrhunderte später eine andere Mainzerin, Anna Seghers, Kommunistin, Jüdin, ebenfalls im Exil in Paris, erinnern wird.

Sie spricht 1935 vor dem Kongreß zur Verteidigung der Kultur als deutsche Emigrantin zu 250 Schriftstellern aus 38 Ländern über den unsäglich mißbrauchten Begriff »Vaterlandsliebe«. Sie entmythologisiert ihn, indem sie ihn auf seinen sozialen Inhalt prüft: »Fragt erst bei dem gewichtigen Wort ›Vaterlandsliebe‹, was an eurem Land geliebt wird. Trösten die heiligen Güter der Nation die Besitzlosen? Tröstet die ›Heilige Heimaterde‹ die Landlosen?« Und sie blickt auf dreihundert Jahre deutscher Literatur zurück und erinnert an das Scheitern so vieler bedeutender deutscher Schriftsteller an den unentwikkelten Verhältnissen. »Keine Außenseiter und keine schwächlichen Klügler gehören in diese Reihe«, sagt sie, »sondern die Besten: Hölderlin, gestorben im Wahnsinn, Georg Büchner, gestorben durch Gehirnkrankheit im Exil, Karoline Günderrode, gestorben durch Selbstmord, Kleist durch Selbstmord, Lenz und Bürger im Wahnsinn. Das war hier in Frankreich die Zeit Stendhals und später Balzacs. Diese deutschen Dichter schrieben Hymnen auf ihr Land, an dessen gesellschaftlicher Mauer sie ihre Stirnen wund rieben. Sie liebten gleichwohl ihr Land.«

Knapp hundert Jahre vor dieser Rede der Anna Seghers war Georg Büchner gestorben, dreiundzwanzigjährig, in der Schweiz im Exil. Um der freien Rede und sozialer Aktivitäten willen war er in Hessen verfolgt worden. Geboren war er in einer Zeit, da die Napoleonische Herrschaft das deutsche Selbstempfinden hoch aufschäumen ließ: Fichte hatte immense Wirkung mit seinen *Reden an die deutsche Nation*, Ernst Moritz Arndt sang: »Was ist des Deutschen Vaterland? Ist's Preußenland, ist's Schwabenland?« und endet seine Aufzählung der einzelnen Länder: »O nein, nein, nein, sein Vaterland muß größer sein!« Nämlich: »Das ganze Deutschland soll es sein!« Das aber, das ganze Deutschland, liegt nach den Befreiungskriegen in der Zwangsjacke der Metternichschen Gesetze, Nationalgefühl und Freiheitssehnsucht haben wieder nicht zusammengefunden, ein paar versprengte Studenten schwingen noch aufmüpfige Reden und werden als »Demagogen« verfolgt und eingesperrt.

Georg Büchner muß nach Belegen für große neuzeitliche Redekunst in französischen Archiven suchen, in den Protokollen vom französischen Nationalkonvent und vom Revolutionstribunal. Sie zitiert er in seinem Revolutionsstück *Dantons Tod* – Texte, die er keinem deutschen Redner unterschieben könnte, läßt er Robespierre, St. Just und schließlich Danton sprechen: »Ich werde mich in die Zitadelle der Vernunft zurückziehen, ich werde mit der Kanone der Wahrheit hervorbrechen und meine Feinde zermalmen.« Büchner ist der erste deutsche Dichter nicht (und nicht der letzte), der einen fremden Stoff bearbeiten muß, um entwickelte gesellschaftliche Kräfte in einem Drama gegeneinander ins Feld führen zu können.

Diese Sprache kennt das deutsche Biedermeier nicht. Doch langsam, langsam zieht der deutsche Michel sich die Nachtmütze vom Kopf, und nun werden auch wieder freiheitliche Reden gehalten. Freiheit! Einheit!, rufen die Märzrevolutionäre, in der Paulskirche in Frankfurt am Main diskutieren sie über eine Verfassung für einen deutschen Bund. Wie die Achtundvierziger Revolution endete, wissen Sie. Die Revolutionäre rollten ihre Fahnen ein. Ist Ihnen auch bewußt, daß noch einmal, etwas mehr als hundertvierzig Jahre später, 1991, in der Frankfurter Paulskirche deutsche Frauen und Männer aus Ost und West den Entwurf einer Verfassung für einen »demokratisch verfaßten Bund deutscher Länder« diskutierten? »Verfassungsgebung ist ein Ausdruck gemeinsamer Selbstfindung«, heißt es in der Paulskirchenerklärung vom Juni 1991. Ja: Hier ist das deutsche Selbstempfinden einmal auf der Höhe der Zeit. Der vernünftige Bürger, die vernünftige Bürgerin artikulieren in öffentlicher Rede ihre Interessen. Vergebens, wie Sie sich wohl erinnern. Der Einigungsprozeß der Deutschen verlief in repräsentativ-, nicht in basisdemokratischen Bahnen. – 1992 war ich einmal im Zeughaus in Berlin Unter den Linden in jenem Raum, in dem eingerollt die Spruchbänder und Plakate von der Demonstration am 4. November 1989 auf dem Alexanderplatz lagerten – einst beredte, nun verstummte Zeugen einer Volkserhebung.

Fürchten Sie nicht, daß ich unser Thema aus dem Auge verliere. »Reden ist Führung«? Jedenfalls erhebt der Redner häufig genug diesen Anspruch. So Bismarck 1867 in seiner Rede vor dem Norddeutschen Bund, übrigens auch eine Verfassungsdiskussion: »Meine Herren, setzen wir Deutschland in den Sattel, reiten wird es schon können!« Dagegen August Bebel, grundsätzlich die Vorherrschaft Preußens zurückweisend: »Gegen einen Bund, durch den Deutschland zu einer großen Kaserne wird«. So werden die deutschen Sozialdemokraten zu »vaterlandslosen Gesellen«, so spaltet das deutsche Selbstempfinden sich wiederum, so driftet die erzkonservative herrschende Schicht weit ab von den Gedanken und von der Sprache der Aufklärer und versteigt sich in der Person ihres ersten Repräsentanten, inzwischen deutscher Kaiser, zu regelrechten Mordaufrufen. Wilhelm II. verabschiedet am 27. Juli 1900 auf dem Pier von Bremerhaven das deutsche Kontingent zur Niederschlagung des sogenannten Boxeraufstands in China mit den spontanen Worten: »Kommt ihr vor den Feind, so wird er geschlagen, Pardon wird nicht gegeben. Gefangene werden nicht gemacht. ... Wie vor tausend Jahren die Hunnen unter ihrem König Etzel sich einen Namen gemacht, der sie noch jetzt in der Überlieferung gewaltig erscheinen läßt, so möge der Name Deutschland in China in einer solchen Weise bestätigt werden, daß niemals wieder ein Chinese es wagt, einen Deutschen auch nur scheel anzusehen.« Die berüchtigte *Hunnenrede* also, nach der im Ersten Weltkrieg dann die deutschen Soldaten in den Ländern ihrer Gegner »Hunnen« genannt werden. Fast wäre diese Rede der Nachwelt verlorengegangen. Der Staatssekretär des Äußeren erließ an die anwesenden Korrespondenten das strikte Verbot, diesen Abschnitt aus der Rede seines Herrn zu veröffentlichen. Nur hatte ein einziger Korrespondent einer unbedeutenden Zeitung, abseits auf dem Dach eines Lagerhauses hockend, die Rede wörtlich mitgeschrieben, übermittelte sie in aller Unbefangenheit unverzüglich seiner Redaktion, die den vollen Wortlaut druckte. Der Erfolg im Ausland war nachhaltig.

»Reden ist Führung«? Da kommt es doch darauf an, wer führt, und wohin. Zwar verstummen die Stimmen der Vernunft in Deutschland auch in der Weimarer Republik nicht, bis sie außer Landes gejagt werden; doch das nach dem Ersten Weltkrieg tief verunsicherte, tief gedemütigte, fehlgeleitete deutsche Selbstempfinden neigt sich immer mehr jenen Stimmen zu, die ihm schmeicheln, die es mit Größenphantasien füttern und seine ohnmächtige Wut auf irrationale Ziele lenken. Es wird Sie kaum verwundern, daß ein Mann namens Adolf Hitler sich in seinem Buch *Mein Kampf* zu unserem Thema Gedanken gemacht hat. Ihm schwant, »daß alle gewaltigen, weltumwälzenden Ereignisse nicht durch Geschriebenes, sondern durch das gesprochene Wort herbeigeführt worden sind«. Die bürgerliche Intelligenz protestiere gegen eine solche Auffassung ja nur, weil ihr selbst die Kraft und Fähigkeit der Massenbeeinflussung durch das gesprochene Wort ersichtlich fehle. »Die ganze Zeitungsflut und alle Bücher gleiten an den Millionen der unteren Schichten ab wie Wasser vom geölten Leder«, glaubt Hitler. Die »Beeinträchtigung der Willensfreiheit der Zuhörer« ist sein erklärtes Ziel. Versammlungen seien nur für den Abend einzuberufen: »Morgens und selbst tagsüber scheinen die willensmäßigen Kräfte des Menschen sich noch in höchster Energie gegen den Versuch der Aufzwingung eines fremden Willens und einer fremden Meinung zu sträuben. Abends dagegen unterliegen sie leichter der beherrschenden Kraft eines stärkeren Wollens.« Als Hitler vorzeitig aus der Festungshaft entlassen wird, ist ihm verboten, öffentlich Reden zu halten.

Reden ist, nicht so selten, *Ver*führung. Das deutsche Selbstempfinden unter Hypnose. Da hat der *Appell an die Vernunft*, den Thomas Mann noch 1930 versucht, keine Chance. »Ist das deutsch?« fragt er sich entgeistert angesichts der »Riesenwelle exzentrischer Barbarei«, der sich die Deutschen unterwerfen, und er beschwört sie, sich selber Mut machend: »Die Würde eines Volkes wie des unsrigen kann nicht die Einfalt, kann nur die Würde des Wissens und des Geistes sein, und die weist den Veitstanz des Fanatismus von sich.« Aber die zivilisatorischen Werte, die Thomas Mann anmahnt, haben ihre Bindekraft bei den Massen verloren. Seine heute berühmte Folge von Reden, *Deutsche Hörer!*, muß er aus der Emigration in Kalifornien über den Rundfunk nach Deutschland schicken, nur wenige wagten, sie zu hören. Die erste Rede, die der Autor wieder auf deutschem Boden halten kann, ist seine *Ansprache im Goethejahr*, im Juli 1949 in der Frankfurter Paulskirche, im August im Weimarer Nationaltheater; da ist, als Folge deutscher Geschichte, Deutschland gespalten, und der deutsche Dichter, der es für nötig und möglich hält, nicht nur dem Westen, auch der »Ostzone« sein Bild von Goethe vorzutragen, ist eben deshalb wüsten Beschimpfungen ausgesetzt. In manchen Dingen ist das deutsche Selbstempfinden, gerade weil es gespalten ist, hoch sensibel.

Vierzig Jahre lang wird es in zwei unterschiedlichen Ausformungen vorkommen, und es wird in der westlichen Hälfte eher gepflegt, in der östlichen offiziell zunehmend geleugnet werden. »O Deutschland, wie bist du zerrissen / Und nicht mit dir allein!«, heißt es bei Brecht.

Reden ist auch Kampf um Deutungsherrschaft. Dieser Kampf wurde in den beiden Deutschländern in einer Unzahl von Reden ausgetragen; es könnte erhellend sein, dieses Ringen um Deutungshoheit über die Geschichte durch eine Gegenüberstellung bezeichnender Reden ost- und westdeutscher Politiker zu belegen. Aus eigener Erfahrung kann ich bezeugen, daß Reden hochgestellter Repräsentanten in der DDR als wichtige Dokumente behandelt wurden, die zu kritisieren ein Sakrileg war, und: Je tiefer die Widersprüche einer Gesellschaft, je weniger die Herrschenden bereit sind, sie wahrzunehmen, sie zu benennen, an ihrer Lösung zu arbeiten, desto nötiger wird eine Lebenslüge gebraucht, sie zu übertünchen, desto hohler, desto pathetischer werden die Reden ihrer Repräsentanten. Und je realitätsgerechter ein Politiker denkt und handelt, desto unprätentiöser kann er sprechen. Im August 1970 sagte Willy Brandt, damals Kanzler der Bundesrepublik Deutschland, in Moskau bei Abschluß jenes Vertrages, der die Unverletzlichkeit der europäischen, also auch der deutschen Ostgrenzen festlegte: »Dieses Jahrhundert – von Blut und Tränen und harter Arbeit gezeichnet – hat uns Nüchternheit gelehrt.« Und er wendet sich an die zu erwartenden Kritiker im eigenen Land: »Liebe Mitbürgerinnen und Mitbürger, mit diesem Vertrag geht nichts verloren, was nicht längst verspielt worden war.« Mit diesem schlichten Satz mutet er seinen Deutschen das vielen noch schwer einsehbare Fazit einer geschichtlichen Epoche zu.

Unter den Reden, die in meinem Leben eine Rolle gespielt haben, kann ich bezeichnenderweise nicht nur deutsche Reden nennen, sondern muß die Rede von Nikita Chruschtschow auf dem XX. Parteitag der KPdSU erwähnen mit ihren Enthüllungen über die Verbrechen des Stalinismus, eine Rede, die zwar – dies ist ja das Schicksal vieler Reden und vieler Redner – nicht die notwendigen gesellschaftlichen Konsequenzen zeitigte, aber bei vielen nicht nur in der DDR eine tiefe Erschütterung hervorrief und kritisches Denken provozierte. Als Zeugnisse für die immense Bedeutung von Reden in der Lebenszeit meiner Generation können auch die Reden von Michail Gorbatschow gelten, die an Nüchternheit nichts zu wünschen übrigließen und gerade dadurch Hoffnungen weckten, die ihr Träger allerdings nicht einlösen konnte. »Wer zu spät kommt, den bestraft das Leben« – dieser ihm zugeschriebene Satz kann auch über seinen eigenen politischen Bemühungen stehen. Er soll ihn Anfang Oktober 1989 in der Nähe des Alexanderplatzes in Berlin gesprochen haben, wo sich schon die Demonstranten rüsteten. Es begann eine der seltenen Volkserhebungen in der deutschen Geschichte, die jene, die daran teilnahmen, zu besonnen und reif politisch Handelnden und oft auch zu überzeugenden Rednern machte. Für kurze, unvergeßliche Wochen fiel das »deutsche Selbstempfinden« – oder sage ich richtiger: das ostdeutsche Selbstempfinden? – mit der Forderung des Tages zusammen. »Wider den Schlaf der Vernunft« hieß eine große Veranstaltung der Berliner Intellektuellen in einer Kirche, ein Redemarathon über viele Stunden. Vernunft waltete bei den Demonstrationen, aber auch Witz, Heiterkeit, Sarkasmus, Humanität und, ja, endlich: jenes Selbstvertrauen, an dem es uns in unserer Geschichte so oft gemangelt hat. Von diesem Selbstvertrauen getragen, artikulierten die Rednerinnen und Redner die Forderungen des Souveräns, des Volkes, und »führten das Land zur Realität zurück«.

Ja: Wenn das Oberste zuunterst, und besonders, wenn das Unterste zuoberst gekehrt wird, dann erheben bisher Schweigende ihre Stimme, dann reden auch Frauen auf Straßen und Plätzen, wo doch bisher bei allen bedeutenden Anlässen am Rednerpult, hinter dem Katheder, auf der Tribüne, am Mikrofon – ein Mann stand. (Übrigens: Gibt es auch Redenschreiber*innen* – etwa gar für männliche Redner?) – Viele der Rednerinnen und Redner von damals sind inzwischen wieder verstummt, die Aktivisten jener Wochen im Herbst 1989 haben die Deutungshoheit über ihre Geschichte verloren oder abgegeben; dafür Gründe zu suchen ist nicht das Thema dieser Rede. Mein Thema ist die Redenkultur der Deutschen, und die kam nun allerdings im letzten Jahrzehnt zu neuer Blüte. Bände gesammelter Reden, die in Berlin, in Dresden, in Weimar, in Frankfurt am Main – allerdings in geschlossenen Räumen vor einem begrenzten Publikum – von Frauen und Männern aus Ost und West gehalten wurden, stehen in meinen Regalen – Reden übrigens, die meistens nicht »führen« wollen, Reden, in denen die Gesellschaft sich über wichtige Fragen mit sich selbst verständigt; in denen sie versucht, sich in ihrer neuen, nicht nur vergrößerten, sondern qualitativ veränderten Gestalt überhaupt erst kennenzulernen – ein sehr konfliktreicher Prozeß; Reden, die das neue deutsche Selbstempfinden an demokratischen Werten prüfen und es – endlich! – einem europäischen, einem Weltempfinden zugesellen.

So wäre alles in Ordnung? Ende der deutschen Misere? Das deutsche Selbstempfinden in einem stabilen, gelassenen, sich selbst wohltätigen und für alle Nachbarn ungefährlichen Nationalgefühl aufgehoben? Keine Rede, keine Reden mehr von wunden Punkten?

Doch wohl nicht. In den letzten Jahren sind es ja gerade Reden gewesen, die, wenn auch ungewollt, an jene wunden Punkte gerührt haben. Erinnern Sie sich an die Aufregung nach der Rede des damaligen Bundestagspräsidenten Philipp Jenninger im November 1988 zum Gedenken an den 50. Jahrestag der Reichspogromnacht? Daß er zurücktreten mußte, weil er den Zuhörern den Eindruck vermittelte, er wolle sich in die Deutschen der Nazizeit einfühlen und für ihr Handeln und Nichthandeln Verständnis erwecken? Oder denken Sie an die Rede Martin Walsers im Herbst 1998 in der Paulskirche, die eine erbitterte kontroverse, emotional aufgeladene Debatte auslöste, weil ein Teil des Publikums bestimmte Formulierungen Walsers als Plädoyer für einen Schlußstrich unter die Auseinandersetzung mit den deutschen Verbrechen in der Zeit des Nationalsozialismus verstand. Beide Redner hatten neuralgische Punkte im deutschen Selbstverständnis – und nicht nur im deutschen – berührt und haben eine »Normalität« des Verhaltens vorausgesetzt oder eingefordert, die es von Deutschen gegenüber dieser Vergangenheit so einfach nicht geben kann. Das Beispiel einer achtsamen, emotional und intellektuell glaubwürdigen Rede zum Thema der deutschen Vergangenheit gab Richard von Weizsäcker am 8. Mai 1985. »Rede, daß ich dich sehe!« hat der Schriftsteller Johannes Bobrowski in seinem Roman *Litauische Claviere* gefordert. In dieser Rede »sah« man den Redner.

Die wunden Punkte eines Gemeinwesens erkennt man häufig gerade daran, daß über sie öffentlich und intern geschwiegen wird. Helmut Kohl wird also am Tag der deutschen Einheit in Dresden keine Rede halten – dort, wo er vor zehn Jahren den gutgläubigen Ostdeutschen »blühende Landschaften« versprach, um sie damit nachhaltig zu enttäuschen. Nicht deshalb ist er als Redner nicht eingeladen. Er sei »zur Zeit kein Vorbild«, hören wir. Er stelle sein persönliches Ehrenwort über die Verfassung – ein vergleichsweise weniger bedenkliches Vergehen, finde ich, gemessen an der Tatsache, daß der damalige Bundeskanzler während seiner Amtszeit sich und seine Partei – auch mit Hilfe illegaler Geldmanipulationen – der demokratischen Kontrolle über die Art und Weise seiner Machtausübung entzog. Wird diese beunruhigende Tatsache vielleicht lieber beschwiegen, weil sonst die Deformation des Parteienstaates auf Kosten der Demokratie öffentlich zur Sprache kommen müßte? Weil sonst, auf diesen Staat bezogen, evident würde, was Helmuth Plessner einst vom Reich Bismarcks sagte: »Es stand für nichts, von dem es überragt wurde.« Dies aber wäre ein Thema für einen anderen Tag.

Eine weitere Rede, die nicht gehalten wird, wäre nach meiner Meinung spätestens fällig gewesen, als die Beweise dafür auf dem Tisch lagen, daß der Kosovo-Krieg, der offiziell nicht einmal »Krieg« heißen sollte, unter falschen Voraussetzungen begonnen worden war. Der deutschen Bevölkerung waren, um sie auf die Teilnahme an diesem ersten Krieg in der deutschen Nachkriegsgeschichte einzustimmen, falsche, zumindest unvollständige Informationen geliefert worden – in Reden, denen also nicht zu trauen war. – Auch ungehaltene Reden können wirken, allerdings in unerwünschter Richtung. Sie lockern die Bindungen innerhalb der Gesellschaft, welche durch geglückte, wahrheitsgemäße Reden gefestigt werden können.

Erinnert sich noch jemand an die Rede von Günter Grass vor wenigen Jahren – wiederum übrigens in der Paulskirche –, in der er vor den Folgen der Einschränkung des Asylrechts in Deutschland warnte? An die Schmähungen, die ihm zuteil wurden? An das jahrelange Zurückweichen vieler Politiker vor ausländerfeindlichen Strömungen in der Bevölkerung um der Wahlergebnisse willen? Die Auseinandersetzung darüber, daß

Deutschland ein Einwanderungsland ist, hätten die Politiker nicht scheuen dürfen, dann könnten sie jetzt glaubwürdiger von dem Mann, der Frau auf der Straße die allerdings sehr nötige Zivilcourage gegen rechte Gewalt einfordern.

Mein Eindruck ist, wir leben in einer Gesellschaft, in der die Bindungen sich lockern, in der die gern beschworene Wertegemeinschaft zu schwinden beginnt. Für jedermann sichtbar bei den Jugendlichen, die, auch für mich erschreckend, dieser Gemeinschaft und ihren Werten offen, brutal und höhnisch den Kampf ansagen. Doch an der sogenannten Spitze der gesellschaftlichen Hierarchie werden diese Werte genauso zynisch mißachtet – heimlich und ohne offene Kampfansage –, wenn es um rücksichtslose Profitmaximierung geht. Wie aber soll man erziehen, fragte schon Ingeborg Bachmann, »halb auf die wölfische Praxis, und halb auf die Idee der Sittlichkeit hin«.

Ich wünsche mir Redner und Rednerinnen, die den Mut haben, diese Zusammenhänge offenzulegen, und sie nicht in Sonntagsreden verschleiern; Redner, die die strukturelle Gewalt in unserem Gemeinwesen, das auf Stärke, Konkurrenz im Weltmaßstab, auf unbegrenztes Wachstum, auf Leistung und Karriere programmiert ist, in Beziehung setzen zu dem dumpfen Haß jener, denen all dies unerreichbar ist. Und ich stelle mir vor, daß ein Politiker, der als Redner die Wurzeln der schwindenden Integrationskraft unserer Gesellschaft aufdeckte, die ja zugleich die Gründe für die schwindende Bewohnbarkeit unseres Planeten sind – daß ein solcher Politiker seiner Glaubwürdigkeit wegen vielleicht sogar die Chance hätte, gewählt oder wiedergewählt zu werden.

Utopie, wiederum? Wunschdenken? Wünschen ist nicht verboten, hat meine Großmutter immer gesagt. Und im übrigen berufe ich mich auf Hamlet: »Nur reden will ich Dolche, keine brauchen.«

2000

Nachdenken über den blinden Fleck

Über Erinnern möchte ich sprechen – das erste Glied in der Triade jener Begriffe, die den psychoanalytischen Prozeß kennzeichnen und denen Ihr Kongreß gewidmet ist: Erinnern, Wiederholen, Durcharbeiten. Es ist seit langem mein Thema, es hat mich gereizt im Doppelsinn dieses Wortes, es hat mich beschäftigt, herausgefordert, erregt, ist mir – als Vergessen – nahegegangen, hat mich in Konflikte und Krisen gestürzt und mich, manchmal, in Trauer und Selbstzweifel getrieben. Zeitweise, wenn ich das sich häufende Material sichtete, das mir in den Monaten zufiel, seit ich weiß, daß ich heute zu Ihnen sprechen sollte – zeitweise war ich versucht zu denken: Es ist ein deutsches Wort. Darauf werde ich zurückkommen.

Ich weiß nicht, wie viele es unter Ihnen gibt, die noch das Berlin der zwanziger Jahre erlebt haben, in dem die Psychoanalyse eine etablierte, blühende Praxis und Wissenschaft war. Aber sicherlich ist niemand unter Ihnen, der nicht in diesen Tagen an die Ausschließung und Vertreibung der jüdischen Psychoanalytikerinnen und Psychoanalytiker, auch durch ihre eigenen Kollegen, in der Zeit des Nationalsozialismus denken muß. Und unter den Gastgebern, den deutschen Psychoanalytikern, ist gewiß keiner und keine, der oder die sich nicht bewußt wäre, was es bedeutet, daß der Internationale Psychoanalytische Kongreß zum ersten Mal nach dem Zweiten Weltkrieg in Berlin tagt. Die heutige Atmosphäre ist gesättigt von Erinnerung und durchzogen von Unterströmungen, die wahrscheinlich jeder empfinden wird, die aber sicherlich nicht alle zur Sprache kommen werden. Auch ich kann nur einige Stichworte liefern, die mir zufallen. Und ich bediene mich der Literatur, die man zu großen Teilen als den Gedächtnisspeicher eines Volkes verstehen kann.

Beginnen möchte ich mit einem Gedicht. Es heißt:

»Erinnerung an die Marie A.

An jenem Tag im blauen Mond September
Still unter einem jungen Pflaumenbaum
Da hielt ich sie, die stille bleiche Liebe
In meinem Arm wie einen holden Traum.
Und über uns im schönen Sommerhimmel
War eine Wolke, die ich lange sah
Sie war sehr weiß und ungeheuer oben
Und als ich aufsah, war sie nimmer da.

Seit jenem Tag sind viele, viele Monde
Geschwommen still hinunter und vorbei.
Die Pflaumenbäume sind wohl abgehauen
Und fragst du mich, was mit der Liebe sei?
So sag ich dir: ich kann mich nicht erinnern
Und doch, gewiß, ich weiß schon was du meinst.
Doch ihr Gesicht, das weiß ich wirklich nimmer
Ich weiß nur mehr: ich küßte es dereinst.

Und auch den Kuß, ich hätt ihn längst vergessen
Wenn nicht die Wolke dagewesen wär
Die weiß ich noch und werd ich immer wissen
Sie war sehr weiß und kam von oben her.
Die Pflaumenbäume blühn vielleicht noch immer
Und jene Frau hat jetzt vielleicht das siebte Kind
Doch jene Wolke blühte nur Minuten
Und als ich aufsah, schwand sie schon im Wind.«

Dies ist für mich eines der schönsten Liebesgedichte deutscher Sprache. Bertolt Brecht schrieb es im Jahr 1920: ein Gedicht, eigentlich nicht über die Liebe, sondern über das Erinnern an eine Liebe. Über seine Flüchtigkeit, über seine Eigenart, Wichtigstes zu vergessen und Nebensächliches unauslöschbar im Gedächtnis zu bewahren – ja, an diesem Nebensächlichen wie an einem Seil die ganze vorher nicht erinnerte Szene aus den Tiefen des Gedächtnisses heraufzuziehen: nicht das Gesicht der Frau, nicht der Kuß, sondern die Wolke ... Brecht wurde anhand dieses Textes der emotionalen Kälte geziehen. Es ist der Mühe wert, darüber nachzudenken, warum vor uns, den Lesern, das Gesicht der Frau, die Landschaft, der Pflaumenbaum, obwohl nicht direkt beschrieben, anschaulich vor Augen stehen und warum dieses Bild von einer solchen Innigkeit ist. Ich weiß nicht, ob dieses deutsche Wort, »Innigkeit«, adäquat in eine andere Sprache zu übersetzen ist; ob zum Beispiel im Englischen die Wörter »tenderness«, »ardour«, »sincerity« es genau treffen. Und, da ich mich meinen Assoziationen überlasse, treibt mir das Wort »Innerlichkeit« zu: deutsche Innerlichkeit, die oft als die Kehrseite deutscher Brutalität entlarvt wurde. Brechts Gedicht hält jeden Anflug von Gefühligkeit hinter einem Schleier von Erinnerung zurück. Aber es vermittelt, sehr verhalten, die Trauer über das Schwinden gerade dieser Erinnerung. Leser, die dem Autor emotionale Kälte vorwerfen, müssen einen anderen Text, diesen Text anders gelesen haben – ein sicherlich harmloses Beispiel für die Subjektivität unserer Wahrnehmung, welche die Neurobiologie in der unermüdlichen Tätigkeit der Neuronennetzwerke in unserem Gehirn zu ergründen sucht.

Ein anderes berühmtes Beispiel für die Beschwörung von Erinnerung durch ein scheinbar unwesentliches, beliebiges Fundstück ist die Beschreibung Marcel Prousts im ersten Teil seiner *Suche nach der verlorenen Zeit*: wie der Geschmack eines Sandtörtchens, einer sogenannten »Petite Madeleine«, dem Protagonisten die verloren geglaubte Ansicht seines Kindheitsortes Combray in der Woge eines Glücksgefühls heraufruft: »Sobald ich den Geschmack jener Madeleine wiedererkannt hatte, die meine Tante mir, in Lindenblütentee eingetaucht, zu verabfolgen pflegte, ... trat das graue Haus mit seiner Straßenfront, an der ihr Zimmer sich befand, wie ein Stück Theaterdekoration zu dem kleinen Pavillon an der Gartenseite hinzu, der für meine Eltern nach hintenheraus angebaut worden war ..., und mit dem Hause die Stadt, der Platz, auf den man mich vor dem Mittagessen schickte, die Straßen, die ich von morgens bis abends und bei jeder Witterung durchmaß,... ebenso stiegen jetzt alle Blumen unseres Gartens,... die Leutchen aus dem Dorfe und ihre kleinen Häuser und die Kirche und ganz Combray und seine Umgebung, alles deutlich und greifbar, die Stadt und die Gärten auf aus meiner Tasse Tee.«

Jeder von uns kennt es wahrscheinlich, wie sich aus einem Duft, einem Bild, einer Berührung ein ganzes Panorama der Erinnerung entfaltet – ein Vorgang, der meistens, vielleicht immer, an eine starke Emotion gebunden ist: Euphorie, Freude, Angst, Überraschung, Genugtuung, Schadenfreude, Zweifel, Ärger, Enttäuschung, Scham, Hilflosigkeit, Entsetzen, Trauer, Schuld – diese Gefühle sind es, an die die Erinnerung sich klammert und von denen sie sich durch die Zeit tragen läßt. Die Beispiele, die ich anführte, aus der ersten Hälfte des vorigen Jahrhunderts, wirken idyllisch, und ich möchte behaupten, daß wir, Zeitgenossen der zweiten Hälfte dieses Jahrhunderts, bei dem Stichwort Erinnerung keine idyllischen Bilder aus unserem Gedächtnisspeicher heraufsteigen sehen. Konnte Jean Paul noch sagen, Erinnerung sei »das einzige Paradies, aus dem wir nicht vertrieben werden können«, so muß George Tabori, der jüdische Schriftsteller und Mann des Theaters, in einem seiner Stücke von einem »Jubiläumsjahr« sprechen, »wo die Toten dazu verurteilt sind, sich dessen zu erinnern, was sie lieber vergessen würden, nämlich den achten Kreis der Hölle«. Und ein jeder von uns weiß, wofür dieses Dantesche Höllenbild in der Gegenwart steht: eine Kollektiverinnerung, die, ob wir es uns bewußt machen oder nicht, unserem Alltagsleben zugrunde liegt und die sich auf vielfältige Weise, beklemmend, paradox, unverständlich, unheimlich, in dieses Alltagsleben hineindrängt.

Zwischen Paradies und Hölle also: Erinnerung. Und dazwischen das Vergessen, die »dunkle Schwester der Erinnerung«, wie Hermann Hesse es nennt. Vergessen? Aber wir werden doch von einer Erinnerungsflut überspült. »Ein Bewahrungs-, Restaurierungs-, Archivierungs- und Erinnerungswahn scheint über das Land gekommen zu sein«, schreibt Silvia Bovenschen, »der sich mit seinem Gegenteil, dem barbarischen Kahlschlag, merkwürdig gut verträgt.« Die Flut besteht aus Zeitungsartikeln, Fernseh- und Rundfunksendungen, Talkshows, öffentlichen Diskussionsveranstaltungen und nicht zuletzt aus der Masse von Büchern, die eigene Erinnerungen darbieten oder Familiengeschichten aufarbeiten und oft mit einem Bekennermut, manchmal auch in einer Geständniswut deren dunkle Punkte offenlegen: »Das Outen ist zum Volkssport geworden« (Heiko Ernst). Es häufen sich die Bücher über die oftmals anrüchige Vergangenheit von Vätern, Müttern – der Zeitgeist bemächtigt sich unserer Erinnerungen. Diese Flut wälzt Wortbrocken mit sich, darunter Neubildungen, die anscheinend gebraucht werden als Orientierungspunkte in diesem düsteren Strom. »Erinnerungskultur« ist weit verbreitet, »Erinnerungsrituale« werden geübt, eine »Erinnerungsrhetorik« wird kritisiert, »Erinnerungsarbeit« dagegen geschätzt. Es gibt einen »Erinnerungsstau«, aber auch sein Gegenteil: einen »Erinnerungsmarathon«, und natürlich wird, um all dessen Herr zu werden, eine wirksame »Erinnerungspolitik« angemahnt. Silvia Bovenschen fügt Wörter wie »Erinnerungszurichtungen« und »Erinnerungserzwingung« hinzu, um das Gewaltsame in diesem Erinnerungsprozeß zu kennzeichnen, und sie zitiert Nietzsche, »für den Menschen sei es bestenfalls möglich, fast ohne Erinnerung zu sein, es sei ihm aber ganz und gar unmöglich, ohne Vergessen überhaupt zu leben«. Vergessen aber, Erinnerungsverlust, jedenfalls der Verlust *bestimmter* Erinnerungen, wird hierzulande als Schuld angerechnet. Darin spiegeln sich natürlich eine bestimmte Erfahrung wider, der massenhaft einsetzende Erinnerungsverlust der Deutschen nach dem Zweiten Weltkrieg, der ja meistens Verleugnung von Mit-Wissen und Mit-Schuld war, und die Tatsache, daß zumindest eine Generation Erinnerung nicht zulassen konnte, unterdrücken mußte, weil sie einer wahrhaftigen Selbsterkenntnis nicht gewachsen gewesen wäre. Wie Nietzsche es formuliert hat: »Das habe ich getan, sagt mein Gedächtnis. Das kann ich nicht getan haben, sagt mein Stolz und bleibt unerbittlich. Endlich – gibt das Gedächtnis nach.«

Gibt nach und versagt sich dem Ansturm von Erinnerung an Massenverbrechen. Heute aber, scheint mir, drückt sich in dem Hang der Öffentlichkeit, Vergessen nicht zu glauben und nicht zu gestatten, jedes Geheimnis aufdecken zu wollen, auch eine Nichtachtung der Erkenntnis aus, daß wir über unsere Erinnerungen nicht frei verfügen und daß wir uns Vergessen nicht befehlen, es aber auch nicht bewußt verhindern können. Nicht jedes Vergessen ist im Freudschen Sinn ein Verdrängen, nicht jede Selbstentblößung dient der Wahrheitsfindung, nicht jeder Stein sollte umgedreht werden: Aber diese schlichten Erkenntnisse laufen dem Bedürfnis der Massenmedien nach Sensationen strikt zuwider, und wir erleben, wie die Überschwemmung durch Enthüllungen intimster Geheimnisse von wehrlosen Opfern den Vorgang, den Sie zum Motto Ihres Kongresses gemacht haben, drastisch behindert.

Aber nach welchen Regeln oder Gesetzen findet denn dieser rätselhafte Vorgang »Erinnern« in unserem Gehirn, und noch dazu unterschiedlich in verschiedenen Gehirnen verschiedener Individuen, statt? Dazu kann die Neurobiologie natürlich keine Auskünfte geben: Sie kann feststellen, *daß* gedacht, *daß* erinnert wird, in zunehmendem Maße auch: wo, in welchen Gehirnarealen, aber über den Inhalt dieser Erinnerungen, dieser Gedanken und auch über die Gründe für das Löschen von Erlebnissen und Lerninhalten, über das Vergessen, kann sie nichts wissen. Da, am Schnittpunkt von größter Allgemeinheit und äußerster Subjektivität, setzt, glaube ich, die Psychoanalyse an – gerade auch dann, wenn Gewalt in ihren verschiedenen

Formen Erinnerung ausgelöscht hat und diese Leerstellen dem von ihnen Betroffenen zur Qual werden und ihn krank machen. Daß die Kunst – Literatur und Film – sich dieser Themen annimmt, ist kein Wunder: Da verliert ein Mann durch einen Unfall die Fähigkeit, ihm nahestehende Menschen zu erkennen, und sieht fortan in seiner fürsorglichen Schwester eine ihm untergeschobene Täuschung; da wird jemand in der Wüste gedächtnislos aufgefunden, und ein Neurologe implantiert ihm den Gedächtnisinhalt eines anderen. Da hat, in einem Film, ein Mann nach einer Schlägerei jede Erinnerung verloren, er weiß nicht, wer er ist, und baut sich in einer ihm vollkommen fremden Umgebung in äußerster Einfachheit ein neues Leben auf, findet eine neue Liebe, die Bestand hat, nachdem seine alte, »eigentliche« Identität ihn wieder eingeholt hat – das sind drei Beispiele, die mir in letzter Zeit begegnet sind. Daß sie mich, und ich glaube, viele Menschen, faszinieren, hängt eben damit zusammen, daß unsere Identität an die Masse unserer Erinnerungen geknüpft ist; manche meinen, die Erinnerung eines Menschen und seine Identität seien identisch. »Unsere Erinnerungen machen uns zu den Menschen, die wir sind« (Daniel Schacter). Einig ist man sich darüber: Ohne Erinnerung kein Bewußtsein. Gabriel García Márquez, der große südamerikanische Schriftsteller, meint: »Nicht, was wir gelebt haben, ist das Leben, sondern das, was wir erinnern, um davon zu erzählen.« Was uns nicht erzählt wird, worüber wir nicht sprechen, das erinnern wir nicht, oder es bleibt ein blasser Eindruck, der immer mehr schwindet, und die »Redekur«, die Freud entwickelt hat, ist ja eine Art, Erinnerung durch Erzählen heraufzuholen und sie für die Person, das Ich, wieder »verfügbar« zu machen – mit allen Vorbehalten gegenüber der Zuverlässigkeit unseres Gedächtnisses. Richard Powers schreibt in seinem Roman *Das Echo der Erinnerung*: »In gewisser Weise gleicht das menschliche Hirn einem geheimnisvollen Krimi: Wir erzählen uns selbst ständig die Geschichte vom Ich als unverrückbarer Einheit.«

Wenn ich eine persönliche Erfahrung hier einblenden darf: Als ich, vor Jahren, *Kindheitsmuster*, ein Erinnerungsbuch über meine Kindheit, schrieb und mir bei der Vorarbeit, beim Materialsammeln die Fragwürdigkeit der Erinnerungen deutlich wurde, auf die ich mich aber doch stützen mußte, half ich mir damit, daß ich Reflexionen über das Gedächtnis durch das Buch mitführte und so die Behauptung: So und nicht anders ist es gewesen, relativierte. Und Günter Grass hat in seinem kürzlich erschienenen autobiographischen Buch *Beim Häuten der Zwiebel* an vielen, gerade auch an wichtigen Stellen Erinnerungslücken zugegeben und gekennzeichnet und andererseits kurioses Material präsentiert, welches sein Gedächtnis aus unergründlichen Ursachen konserviert hat. Autobiographisches Schreiben muß, jedenfalls in unserer Zeit, Selbsterforschung sein, was heißt, in die Untiefen der eigenen Erinnerung abzutauchen, Schmerz und Scham zu erfahren und die Funde, die man in die Bewußtseinshelle heraufbringt, in ihrer Authentizität immer wieder in Frage zu stellen. Auch wenn die Neurobiologie die Gehirnregion für das autobiographische Gedächtnis gefunden hat – sie kann nichts sagen über die psychologischen Gesetze, nach denen es arbeitet.

Einige Autoren führen, wie Powers, das magische Wort schon im Titel: Nabokow zum Beispiel, in seiner Autobiographie *Erinnerung, sprich!* – ein Buch, in dem er frühe Erinnerungen immer wieder durch später gewonnene Erkenntnisse korrigiert, »überschreibt«, und so zu verstehen gibt, daß Erinnern ein Prozeß ist, der nie zur Ruhe kommt.

Und, besonders erhellend, Saul Friedländers Buch *Wenn die Erinnerung kommt*. Ein Text, der zu dem großen Fundus der Erinnerungsliteratur von Überlebenden der nationalsozialistischen Massenverfolgungen gehört, die dieser Autor als Kind erlebt, das seine Eltern weggeben, um es zu retten, während sie selbst in einem KZ ermordet werden. Dieses Kind, in streng katholischem Glauben erzogen, den es verinnerlicht, bemüht sich nach vielen Jahren, als Erwachsener in Israel, die verschiedenen

Schichten seiner Person freizulegen. Er stellt seinem Buch ein Motto von Gustav Meyrink voran: »Allmählich, wenn das Wissen kommt, kommt auch die Erinnerung. Wissen und Erinnerung sind dasselbe.«

Ich frage mich, was wir wissen, wie wir denken, fühlen, *sein* würden ohne diese Literatur. Ohne die Erinnerungen dieser zumeist jüdischen Autoren, die das fast Unmögliche unternommen haben, von einer Erfahrung zu berichten, der mit Worten wie »Holocaust«, »Shoah« nicht beizukommen ist. Ich frage mich, ob Deutschland, ob Europa nach Auschwitz wieder »gesunden« kann. Im Erinnern, wenn wir uns umdrehen, müßte der Schrecken uns versteinern, darum hielt ein »gesunder« Instinkt die meisten davon ab, zurückzublicken, sie zogen es vor, in Amnesie zu versinken und sich in einem Arbeitsrausch dem Wiederaufbau zu widmen. Eine eigene Überlegung wäre es wert, ob nicht die deutsche Teilung, psychologisch gesehen, die Bevölkerung beider deutscher Teilstaaten entlastet, Schuldgefühle abgespalten und zurückgedrängt hat.

Erinnerung hat mit Gewissen zu tun. Hitler hatte verkündet, das Gewissen sei eine jüdische Erfindung. Ohne Erinnerung kein Gewissen. Kommt beides – Gewissen und Erinnerung – vielleicht aus einer Wurzel?

Erinnerung ist human.

Hier sind einige Zeilen von Nelly Sachs, die buchstäblich in letzter Minute mit ihrer Mutter vor der Deportation gerettet werden konnte:

»Aber mitten in der Verzauberung spricht eine Stimme klar
und verwundert:
Welt, wie kannst du deine Spiele weiter spielen
und die Zeit betrügen –
Welt, man hat die kleinen Kinder wie Schmetterlinge,
flügelschlagend in die Flamme geworfen –

und deine Erde ist nicht wie ein fauler Apfel
in den schreckaufgejagten Abgrund geworfen worden –

Und Sonne und Mond sind weiter spazierengegangen –
zwei schieläugige Zeugen, die nichts gesehen haben.«

»... die nichts gesehen haben ...«: Die Nachbarn, Bekannten, Kollegen, Mitbürger, die als Zeugen für die Verbrechen an jenen Opfern ausfielen – befallen von einem Defekt, der massenhaft auftrat: der »blinde Fleck«. Ursprünglich, physiologisch gesprochen, handelt es sich um den »lichtunempfindlichen Fleck der Netzhaut des Wirbeltierauges im Bereich des Sehnerveneintritts«. Im übertragenen Sinn signalisiert er die Wahrnehmungsschwäche, oft Abwehr, einer Person – oder einer Gruppe von Personen – gegenüber bestimmten Realitätssegmenten, gern gegenüber moralischen Reizen. Keiner von uns ist ohne blinden Fleck oder ohne blinde Flecke, Schutzmechanismen gegenüber Wahrheiten und Einsichten, die, zumindest zu einem bestimmten Zeitpunkt, unerträglich wären. Eine Bevölkerung aber, die sich in ihrer Mehrheit gegenüber allen Untaten erblinden macht, leidet an einem gefährlichen Defizit, an einer schwer beschädigten Erinnerungsfähigkeit, die, wir haben es erlebt, in den Nachkriegsjahrzehnten mühsam, allmählich, oft gegen beträchtlichen Widerstand, nicht bei allen, doch auch nicht bei wenigen Deutschen erweckt werden mußte, und zwar vor allem durch die Erinnerungen der Überlebenden der Massaker, denen sie durch die Feigheit, Habsucht, Mordlust, Teilnahmslosigkeit, Blindheit ihrer Nachbarn, Freunde, Bekannten, Kollegen, Mitbürger preisgegeben waren. Sie, die Opfer, reißen, indem sie sich, oft in ihrer Literatur, erinnern, den teilerblindeten Zeugen den Vorhang vor deren Erinnerungen weg, sie öffnen ihnen die Augen, so daß sie die Vergangenheit und in einem schmerzhaften Prozeß sich selbst sehen müssen, so, wie sie waren; daß sie sich, eine schwere Kränkung, eine neue »Geschichte von ihrem Ich« erzählen müssen. Und daß ihnen, wenn sie die Wahrheit der Opfer und die Einsicht in eigene Mitschuld annehmen können, die Möglichkeit geschenkt wird, in einer andauernden Auseinandersetzung mit sich selbst den verschütteten Kern ihrer Persönlichkeit freizulegen und sinnvoll – was auch heißt: mit allen Sinnen – zu leben. Ich glaube, das ist ein einmaliger Vorgang.

Wie konnte es zu Auschwitz kommen? Wo immer man an die deutsche Geschichte rührt, stößt man auf diese Frage.

Schon lange ist von der »deutschen Misere« die Rede, vom »unglücklichen Bewußtsein« der Deutschen, wenn sie Ursachen für die Abgründe in der deutschen Geschichte suchen. Nach den in Blut erstickten Bauernkriegen des 16. Jahrhunderts gab es in Deutschland – in den deutschen Ländern – keine geglückte Revolution. Ein selbstbewußtes Bürgertum konnte sich nicht entwickeln, nicht der Citoyen, sondern der Bourgeois wurde zum Mehrheitstyp, die Kleinstaaterei beförderte Untertanengeist und bürokratisches Beamtentum: Die »verspätete Nation« blähte sich auf in einem aggressiven Militarismus, dessen Kehrseite ein Hang zu Idylle und Sentimentalität war, zu »Gemütlichkeit«, ein deutsches Wort, für das es in unseren Nachbarsprachen keine Entsprechung gibt. Eine Mentalitätsmischung, die einen Nährboden für Minderwertigkeitskomplexe und für Grausamkeit abgab und die ganz sicher nicht Realitätssinn und nüchternes, selbstkritisches Denken beförderte. Bertolt Brecht charakterisierte es so:

»O Deutschland, wie bist du zerrissen
Und nicht mit dir allein!
In Kält' und Finsternissen
Läßt eins das andre sein.
Und hätt'st so schöne Auen
Und reger Städte viel;
Tät'st du dir selbst vertrauen
Wär' alles Kinderspiel.«

Diese Zeilen schrieb Brecht 1952, mitten im kalten Krieg, dessen Front durch Deutschland ging, es in zwei Länder spaltete, von denen jedes, gebraucht für die Interessen der jeweiligen Großmacht, von der es abhängig war, diese Spaltung auch als Entlastung von der Auseinandersetzung mit der eigenen Vergangenheit, als Vermeidung von Schuldaufarbeitung nutzen konnte und als Belastung für »die anderen« – um den Preis, daß der je andere Landesteil zum blinden Fleck wurde. Was sich im sogenannten Vereinigungsprozeß dann zum Erstaunen vieler Politiker überdeutlich zeigte: Wir hatten, im Westen mehr als im Osten, mit den Rücken zueinander gelebt (»In Kält' und Finsternissen läßt eins das andre sein ...«), bezogen unsere Kenntnis voneinander anstatt aus gelebter Erfahrung miteinander zumeist aus zweiter Hand, aus oft tendenziösen oder nicht genau unterrichteten Medien, die, je nach Standort, Hoffnungen, Wünsche, Ängste, Abscheu, Idealisierung, Aggressivität nährten. Schwerwiegende Fehlentscheidungen waren danach unvermeidlich, Enttäuschung, zeitweilig Nostalgie waren vorprogrammiert.

Doch möchte ich diesen Prozeß der Realitätsfindung, zu dem übrigens eine gar nicht einfache Auseinandersetzung mit den je eigenen Erinnerungen gehört, nicht in die Kategorie »unglückliches Bewußtsein« der Deutschen einordnen – allein deshalb nicht, weil an seinem Beginn eine revolutionäre Bewegung in der DDR stand, deren Mut, Entschlossenheit, Solidarität, Toleranz, Humor, Einfallsreichtum niemand vergessen wird, der sie mitgemacht hat. Ja, sie war in ihrer ersten Phase auch getragen von einer Utopie, ohne die derartige Volksbewegungen nicht denkbar sind, sie war auf ein Ziel hin aufgebrochen, das nicht zu verwirklichen war – soll man dieses Verkennen der Möglichkeiten, welche die historischen Verhältnisse hergaben, durch die damals Handelnden ihren »blinden Fleck« nennen? So wäre dieser Vorgang nicht nur negativ besetzt, sondern in bestimmten Situationen unverzichtbar, in denen die volle Einsicht in alle Zusammenhänge und Konsequenzen der widersprüchlichen Realität notwendige Bewegungen lähmen würde?

Ich habe vorgegriffen. Ich will noch einmal zurückgehen, in mehreren Schritten – zunächst bis zum Jahr 1936, als Thomas Mann zum achtzigsten Geburtstag des später von den Nationalsozialisten nach England vertriebenen Sigmund Freud eine Rede hielt: *Freud und die Zukunft*. Das Unbewußte, sagte er da, sei jener »Bereich der Seele, dessen Erkundung und Erhellung, dessen Eroberung für die Humanität die eigentlichste Sendung gerade dieses erkennenden Geistes ist«.

»Humanität«, das ist das Stichwort, zusammengestellt, in Beziehung gebracht mit der »Erkundung und Erhellung« des Unbewußten, mit dem »Gebiet des Es«, wie Freud es einmal nennt, das der »dunkle, unzugängliche Teil unserer Persönlichkeit« sei und das wohl manchmal auch, wenn nicht deckungsgleich, so doch vergleichbar sein mag mit dem, was ich den »blinden Fleck« nenne. Der »unerschrockene Wahrheitsmut«, sagt Thomas Mann, mache die »Sittlichkeit der analytischen Tiefenpsychologie aus«, und er bescheinigt ihr eine »nahe Beziehung« zur Literatur. 1938 aber waren die deutschen Schriftsteller, wie viele Psychoanalytiker, wie Thomas Mann selbst, aus dem Land ihrer Sprache vertrieben. »Humanität«, »Wahrheitsmut«, »Sittlichkeit« wurden beargwöhnt und verfolgt, als Wörter kamen sie in den Drucksachen des Dritten Reiches nicht mehr vor. Alle, fast alle Vertreter einer hohen Kultur, fast alle bedeutenden Schriftsteller und Künstler, in einem Land verwurzelt, dem niemand, fast niemand einen derartigen Absturz in die Barbarei zugetraut hätte, hatten dieses Land verlassen müssen – ein einmaliger Vorgang im Europa der Neuzeit. Die Massen, ökonomisch verunsichert, wurden von den Demagogen des Nationalsozialismus durch die »systematische Verherrlichung des Primitiven und Irrationellen«, so Thomas Mann, gegen Geist und Vernunft und die Anforderungen, die sie an den einzelnen stellen, aufgebracht. Der kritische Geist war der euphorisierten, in Räusche versetzten Volksgemeinschaft unerträglich geworden, statt dessen ergab sie sich einer totalen Realitätsverweigerung, verschloß die Augen vor der Katastrophe, auf die sie zugetrieben wurde, und verjagte diejenigen, die davor warnten: nicht nur, indem sie politische Tatbestände und die Verursacher der gefährlichen Entwicklung beim Namen nannten, sondern indem sie ihrem Beruf nachgingen und einer wahnsinnsverzerrten Weltsicht die Wirklichkeit der Kunst gegenüberstellten. Viele von ihnen waren Juden und wurden zu Zielscheiben eines hemmungslosen Hasses. (Eine Zwischenfrage: Hatten die deutschen Juden in bezug auf die mörderischen Möglichkeiten in der deutschen Mentalität einen blinden Fleck?) Das Gewissen, sagte der Führer, sei eine jüdische Erfindung. Dies war der Tiefpunkt der »deutschen Misere«.

Allerdings hatten die Deutschen schon lange, eigentlich schon immer während der Neuzeit, ein gestörtes Verhältnis zu ihren Schriftstellern, deren Hervorbringungen nicht nur das Gedächtnis einer Nation, einer Kultur darstellen – Erzählen ist Sich-Erinnern –, sondern die es auf sich nehmen mußten, zu sagen und zu zeigen, was ist: der Gesellschaft ihrer Zeit den Spiegel vorzuhalten. Oft genug wollten ihre Zeitgenossen in diesen Spiegel nicht hineinsehen, ihre Züge in ihm nicht erkennen; im günstigsten Fall wendeten sie sich ab, straften den zu kühnen oder manchmal auch zu naiven Künstler durch Nichtachtung, was heißen konnte: Vereinsamung, Armut. Aber sie entwickelten auch gröbere Methoden, mit den Trägern unliebsamer Gedanken und Gefühle fertigzuwerden, ihren eigenen blinden Fleck, der ihnen ein unangefochtenes Dahinleben sicherte, vor Anfechtungen zu schützen: Die deutsche Literaturgeschichte nennt eine lange Reihe von Autoren, die verfolgt, eingesperrt, ausgestoßen, ermordet, in den Wahnsinn, in den Selbstmord und, immer schon, ins Exil getrieben wurden. Georg Büchner, der seine Rebellion gegen die sozialen Zustände in Hessen mit Flucht in die Schweiz bezahlt, läßt seinen Prinzen Leonce ausrufen: »O wer sich einmal auf den Kopf sehen könnte!« – ein außergewöhnlich anschauliches Beispiel für das Leiden eines Menschen an der Unsichtbarkeit, Unfaßbarkeit des blinden Flecks, die sich bis ins Absurde steigern kann. – Diese Schriftsteller haben sich wundgerieben an den deutschen Zuständen. Auf ihre Zeugnisse sind wir heute angewiesen, wenn wir in das innerste Wesen ihrer Zeit eindringen wollen. Was ihr scharfer, oft überscharfer Blick gesehen hat, hat ihr Jahrhundert überdauert.

Aus dieser historischen Erfahrung hat sich die Legende entwickelt, bedeutende Literatur und Kunst brauche es geradezu, daß die Schriftsteller und Künstler zu ihrer Lebenszeit verkannt würden und daß erst die Nachwelt sie zu rühmen wisse. Wir erleben heute, wie die Nachwelt – besonders für Werke bildender Künstler, die nicht selten gehungert haben – phantastische Summen als Geldanlage ausgibt und phantastische Summen an ihnen verdient. Dieser Zynismus geriert sich als Normalität. Der Kunstbetrieb als Markt, die Kunst als Ware ist eine besondere, aktuelle Abart der bürgerlichen Kunstmanipulation, auch Kunstvernichtung, auf die ich hier nicht eingehen will.

Aber es gab doch Ausnahmen. Es gab doch die Klassiker, unsere »Dichterfürsten«, es gab doch Goethe und Schiller, und es gab allerdings das Bedürfnis eines pseudogebildeten deutschen Bürgertums, diese beiden Gestalten zu idyllisieren. Wenigstens sie sollten frei sein von Widersprüchen und Konflikten, wenigstens sie sollten verschont geblieben sein von Brüchen und Krisen in ihrem Leben. Als Beweis dessen galt, jedenfalls für Goethe, die Figur des immer strebend sich Bemühenden, des Faust, der, positiv dem stets verneinenden Mephisto gegenübergestellt, verdientermaßen seine Seele dem Teufel entwindet. Wenn einer, war dies ein deutscher Mann, mit dem man sich identifizieren konnte: von gehöriger Tiefe des Gemüts, Gelehrter, Wissenschaftler, Tatmensch. Der große Schlußmonolog des Faust: »Solch ein Gewimmel möcht' ich sehn, / Auf freiem Grund mit freiem Volke stehn«, wurde in den Schulen der

DDR als eine Vorausschau des alten Goethe auf die Bodenreform interpretiert.

Und ist doch eine der tragischsten Stellen in unserer Literatur. Allerdings: Leicht hat es Goethe seinen Interpreten nicht gemacht, und das wußte und wollte er auch. In den Jahrzehnten, in denen dieses Werk in ihm heranreifte, wurde es beiseitegelegt, wieder vorgenommen, mit neuen, von Umbrüchen begleiteten historischen Erfahrungen angereichert, die die Figur in Lebensumstände trieben, die der junge Goethe, als er sie zuerst ins Auge faßte, nicht voraussehen konnte und die diese Figur natürlich veränderten. Eine Faszination ging für ihn und geht für uns heute von ihr aus, die nicht leicht bündig zu erklären ist. 1828, als er das »Hauptgeschäft« wieder vorgenommen hat, schreibt Goethe an seinen Freund Zelter nach Berlin: »Bis jetzt, denk' ich, hat ein guter Kopf und Sinn schon zu tun, wenn er sich will zum Herrn machen von allem dem, was da hineingeheimnisset ist.« Eine Auflösung aller Geheimnisse hat er nicht gewollt, und wir sollten sie nicht anstreben.

Zurück also zum hundertjährigen Faust, fünfter Akt, Palast. Der Alte, »Herr« und »Patron« auf dem Höhepunkt seines Erfolges. Lynkeus der Türmer: »Dich grüßt das Glück zur höchsten Zeit.« Doch Faust, Besitzer großer Ländereien, die er dem Meer abgewinnen ließ, wie er es sich erträumt hatte, reich, umgeben von einer botmäßigen Dienerschaft, keinem Herren untertan – Faust ist in tiefer Seele unzufrieden: »Vor Augen ist mein Reich unendlich / Im Rücken neckt mich der Verdruß«: Ein Lindenhain mit einer bescheidenen Hütte, in der zwei alte Leute wohnen, ein »morsches Kirchlein« gehören ihm nicht. Zu Mephisto: »Dir Vielgewandtem muß ich's sagen, / Mir giebt's im Herzen Stich um Stich, / Mir ist's unmöglich zu ertragen! / Und wie ich's sage, schäm' ich mich. / Die Alten droben sollten weichen, / Die Linden wünscht' ich mir zum Sitz, / Die wenigen Bäume, nicht mein eigen, / Verderben mir den Weltbesitz.« Diese Zeilen sollen hier so ausführlich stehen, weil sie bezeugen, wie genau der alte Goethe in die Psychologie der neuen Zeit eingedrungen war, in das maßlose Besitzverlangen der neuen heraufkommenden Klasse der Kapitalisten. Nichts mehr vom Wissensdrang des frühen Faust, der danach dürstet, zu erkennen, »was die Welt / Im Innersten zusammenhält«, einen großen Lebensbogen hat dieser Faust durchschritten, von Zaubersprüchen begleitet, der Magie verschrieben, in die verschiedensten Schichten der Gesellschaft, in unterschiedliche Rollen geworfen, Verbrechen, Täuschung nicht scheuend, immer stärker auf den eigenen Vorteil bedacht, aus Krisen, Zusammenbrüchen immer wieder sich erhebend, ein erstaunlich moderner Mensch: »Ich bin nur durch die Welt gerannt; / Ein jed' Gelüst ergriff ich bei den Haaren, / Was nicht genügte, ließ ich fahren, / Was mir entwischte, ließ ich ziehn. / Ich habe nur begehrt und nur vollbracht, / Und abermals gewünscht, und so mit Macht / Mein Leben durchgestürmt;« die inneren Stimmen, die ihn mahnen, will er nicht hören. Die Sorge tritt an ihn heran, er weist sie ab. Da haucht sie ihn an: »Die Menschen sind im ganzen Leben blind, / Nun, Fauste, werde du's am Ende!«

Der blinde Faust tritt vor seinen Palast, Mephisto und die drei argen Gesellen haben auf ihre Weise seinen Befehl ausgeführt: Die Hütte ist zerstört, das Kirchlein zunichte gemacht, die beiden Alten wurden umgebracht. (»Man hat Gewalt, so hat man Recht.«) Schwächlich »verdrießt« den Befehlshaber, Faust, »die ungeduld'ge Tat«, doch ihre Folgen will er genießen. Das Geklirr der Spaten, das er hinter sich hört und als Landnahme auf seinem neuen Besitz mißdeutet, »ergetzt« ihn, noch glaubt er, die Arbeiter antreiben zu können. Mit Blindheit geschlagen, unterliegt er einer tragischen Täuschung: Auf Anweisung des Mephisto graben die Lemuren ihm sein Grab.

Mir kommt es so vor, als könnten erst wir Heutigen die ganze Tiefe dieser Einsicht des alten Goethe sehen, da seitdem Hekatomben von Gräbern unseren Weg, den Weg der sogenannten Geschichte, gezeichnet haben und zeichnen und da immer wieder, und auch heute, in jedem einzelnen Abschnitt dieser neuen Zeit, das Losungswort FORTSCHRITT ausposaunt wird und, die ihm nachgehen, für die Menschenopfer blind macht, die dieser Fortschritt kostet.

Goethe jedenfalls hat dieses Werk seinen Zeitgenossen zu seinen Lebzeiten nicht zumuten wollen. Er hat es versiegelt und zurückgelegt und an Zelter, dem er diese »sehr ernsten Scherze« wohl hätte widmen wollen, als Begründung geschrieben: »Der Tag aber ist wirklich so absurd und konfus, daß ich mich überzeuge, meine redlichen, lange verfolgten Bemühungen um dieses seltsame Gebäu würden schlecht belohnt und an den Strand getrieben, wie ein Wrack in Trümmern daliegen und von dem Dünenschutt der Stunden zunächst überschüttet werden. Verwirrende Lehre zu verwirrtem Handel waltet über die Welt . . .«

In seinem langen Leben hat Goethe viele Male, in Zeitbrüchen, die manchmal katastrophische Züge annahmen und die wir heute, da wir mit ungleich drastischeren Mitteln ungleich entsetzlichere Katastrophen ausgelöst haben, in ihrer Auswirkung auf die Psyche der Mitlebenden wohl nicht einschneidend genug einschätzen – in dieser seiner wechselvollen Zeit hat Goethe viele Male die Gelegenheit gehabt, an sich und anderen das Mit-Wandern des »blinden Flecks« zu beobachten. Eine von dessen Eigenschaften ist es ja, sich den Gegebenheiten anzupassen und an den Personen auch in neuen Verhältnissen haftenzubleiben. Nicht zuletzt war es seine Hellsichtigkeit, die Goethe unter seinen Zeitgenossen manchmal einsam sein ließ. Daß die Zeit sich auf einen unlösbaren Widerspruch zubewegte, konnte er erst gegen Ende seines Lebens sehen, als die Umrisse der neuen Epoche, von Geld und Habgier, von den ungeahnten Möglichkeiten der modernen Maschinen zu neuem mörderischen Tempo angetrieben, immer deutlicher hervortraten und ihn um der dichterischen Wahrheit willen zwangen, Faust, die Hauptfigur seines Lebens, in ihren Bann zu stellen. Er wußte, das Bild eines schuldbeladenen, maßlosen, scheiternden Faust würden seine »lieben Deutschen« ihm nicht gerne abnehmen. Und er, in seinem hohen Alter, hätte sich ihre wahrscheinlich verständnislosen Kommentare nicht gerne angehört. In die »deutsche Misere« – das Wort sei hier zum letzten Mal gebraucht – waren auch die deutschen »Klassiker« eingebunden.

In den letzten Teilen des *Faust* lesend, weht mich manchmal ein Geist an, den ich – ganz behutsam sei es angedeutet – in Äußerungen zeitgenössischer Physiker zu spüren meine. Ein Erstaunen, eine Ehrfurcht vor dem Unbeschreiblichen, ein bescheidenes Zuerkennen, daß sie das Ziel ihrer Bemühungen, die Struktur der Wirklichkeit zu erfassen, zu sehen, was die Welt im Innersten zusammenhält, niemals erreichen werden, da unser Blick, unsere Beobachtungsinstrumente diese Wirklichkeit verändern. Daß unsere Blindheit gegenüber den letzten Wahrheiten in das Netzwerk, dem wir auch selber angehören, mit eingewebt ist. Oft gestehen sie, daß sie, je tiefer sie eindringen in die Welt, in den »Tanz« der kleinsten und immer noch kleineren Teilchen, um so mehr von der Sprache verlassen werden und sich nur noch in Gleichnissen ihren hoch unsicheren Sachverhalten nähern können. Ich glaube, daß der alte Goethe diesen Zustand der entzückten Sprachlosigkeit vor der Einsicht in die Natur der Dinge, die ihm zuteil wurde, gekannt haben muß. »Alles Vergängliche / Ist nur ein Gleichnis.« Man wird jedesmal, wenn man sich neu diesem Teil des *Faust* nähert, neues finden und manches auf neue Weise oder jetzt zum ersten Mal zu verstehen glauben.

»Das ewig Weibliche / Zieht uns hinan.« In ihrer Mehrschichtigkeit nicht leicht verständliche Zeilen, über die ganze Bibliotheken geschrieben wurden. Ich setze sie, vielleicht zu kühn, in Verbindung mit einem früheren Komplex, da Mephisto den nach Helena verlangenden Faust auf die Möglichkeit verweist, sie heraufzuholen: »Göttinnen thronen hehr in Einsamkeit, / Um sie kein Ort, noch weniger eine Zeit; / Von ihnen sprechen ist Verlegenheit. / Die *Mütter* sind es!« – »Mütter!« – »Schaudert's dich?« – Allerdings. Fausten schaudert's, und ich wage zu vermuten, auch Goethen war es unbehaglich bei der Nennung jener »Göttinnen, ungekannt«, jener frühesten mütterlichen Wesen, von denen weder er noch seine Zeitgenossen etwas Nennenswertes wissen konnten. Zu Eckermann, der ihn nach dem Ursprung dieses Einfalls fragt, sagt er: »Ich kann Ihnen weiter nichts verraten, als daß ich beim Plutarch gefunden, daß im griechischen Altertume von Müttern als Gottheiten die Rede gewesen. Dies ist alles, was ich der Überlieferung verdanke, das übrige ist meine eigene Erfindung.« Kann dieses unwillkürliche Erschauern beim Rückblick auf eine Vorzeit, die durch die Jahrtausende den sehr späten Nachgeborenen nichts als eben dieses Gefühl des Unheimlichen überliefert hat, »Erfindung« sein? Ist es nicht eher eine Ahnung, daß sie es waren, die »Mütter«, die, beinahe zeugnislos im Dunkel der Frühgeschichte versunken, jenes Netz zu knüpfen begannen, dessen Kettfäden bis heute die Muster unseres Denkens und Fühlens prägen? Merkwürdig schwer fällt es dann den Archäologen der nächsten zweihundert Jahre, anzuerkennen, daß sie im tiefsten Grund ihrer Ausgrabungen immer auf weibliche Gottheiten stoßen. Die haben, inzwischen in den Glaubensbekenntnissen der Menschen, eingehämmert durch die Männer, einen langen, schwierigen Prozeß der Umdeutung erfahren, in dessen Verlauf sie verleumdet, entwürdigt, in Ungeheuer verwandelt, entmachtet wurden, während die große Schar der weiblichen Göttinnen und Naturgeister gewaltsam von dem männlichen Götterhimmel okkupiert wurde; während Männer das Priesteramt, die Heilkunst, die Lenkung der Gemeinschaften von den Frauen eroberten. Nun hatten Frauen keine Stimme mehr im Rat, kein Mitspracherecht bei der Erbfolge. Der Sohn sollte nur der Sohn des Vaters sein. Doch noch in den Dramen der großen Griechen, Jahrhunderte nach dieser Frühzeit, finden sich Nachklänge der heiligen Scheu vor der Frau: Orest, der, im Blutrachegesetz verfangen, den ermordeten Vater an der Mutter rächt, wird durch Aischylos, gegen dessen inneren Widerstand, von der ästhetischen Wahrheit gezwungen, in einem unlösbaren Konflikt gezeigt. Immer noch gilt Muttermord den Menschen, trotz aller Anstrengungen des Patriarchats, die Mutter zu entwerten, als eine über jedes andere Verbrechen grauenhafte Untat. Nie durfte der Sohn sich an der Mutter vergreifen. Die Frau war tabu. So sehr der Autor sich auch bemüht, die Tat nach den neuen Gesetzen als »gerecht« hinzustellen, er kann nicht umhin, die Gewissensnot des Muttermörders Orest in bewegenden Worten zu schildern:

»Und tief im Herzen sitzt die Angst
Und singt und fängt zu tanzen an.
Darum, solang ich noch bei Sinnen bin
– Bin ich es noch? –
Sag ich euch schnell:
Es war gerecht, daß ich die Mutter tötete
Die gottverhaßte Frau –
Ein Scheusal, das die Erde haßt!«

Vaterrächer oder Muttermörder? Der Zwiespalt im Mann, der unaufhörlich geleugnet, übertüncht, umgedeutet, verdrängt werden muß, bringt Angst, Haß, Feindseligkeit hervor. Es ist der Preis der Macht, die der Patriarch, um seine Schwäche – auch vor sich selbst – zu kaschieren, über alle anderen Werte stellen muß. Die Frau aber muß er entwirklichen, indem er sie zum Objekt macht. Das Epos, die Geschichtsschreibung folgt der Linie männlichen Handelns: die Erzählung von der Heroen Kampf und Sieg oder Untergang. Als Heroine, zum Idol erstarrt, kann die Frau noch in den Mythen überleben. Helena bei Goethe: »Ich schwinde hin und werde selbst mir ein Idol.« Das Hinschwinden der Frau in der öffentlichen Wahrnehmung, ihr Unsichtbarmachen ist, so glaube ich, der ursprüngliche und folgenreichste »blinde Fleck« in unserer Kultur, der fortzeugend Böses muß gebären. Als »Seherin« unter Blinden steht die Frau auf verlorenem Posten. Schiller läßt Kassandra klagen:

»Warum warfest du mich hin
In die Stadt der ewig Blinden
Mit dem aufgeschloßnen Sinn?
Warum gabst du mir zu sehen,
Was ich doch nicht wenden kann?
Das Verhängte muß geschehen,
Das Gefürchtete muß nahn.«

Nach der Seherin verstummte, jahrhundertelang, die Dichterin. Männer übernahmen das ehemals weibliche Amt und beklagten, je näher wir der Neuzeit kommen, die zunehmende Kälte der Welt, die ihre Geschlechtsgenossen blindlings herbeiführten. »So sei'n verflucht die Weiber!« tönt Hagen von Tronje im Nibelungenlied, dem germanischen Mythos aus dem Mittelalter, »Weib ist, was falsch und schlecht; / Hie um zwei weiße Leiber, / Verdirbt Burgunds Geschlecht!«

Aber heute? höre ich Gegenstimmen. So würde doch niemand mehr sprechen. So nicht. »Frauen auf der Überholspur«, lese ich heute, was heißt: Frauen dürfen mit den Männern in Konkurrenz treten, wenn sie die mörderischen Bedingungen annehmen, unter denen dieser Kampf stattfindet. Daß sie, in unseren westlichen Breiten, sich oft entscheiden müssen, »dafür« keine Kinder zu bekommen, führt bisher kaum zum Nachdenken über die tieferen Gründe für diesen Verzicht.

Ob Goethe im tiefsten Innern fühlte, ahnte, daß eine von Grund auf verkehrte Welt heraufkam? Ob er auch deshalb, vielleicht halb bewußt, sein Manuskript versiegelte, ohne Hoffnung, seine Einsicht, seine Warnung könnte die Nachwelt zu rettender Handlung bewegen?

Wir *sind* die Nachwelt. Wir wissen, was kam. Wir leben in einer von Grund auf verkehrten Welt: Hemmungslos, der Gier nach Besitz und Macht verfallen, schaffen wir die Instrumente zu unserer Selbstzerstörung, zwanghaft häufen wir sie um uns auf und verbreiten sie – ich spreche von der abendländischen Zivilisation – über die ganze Welt, zusammen mit der Anpreisung von Werten, die bei uns selbst unbeachtet, ungültig geworden sind. Der »blinde Fleck« – wozu brauchen wir ihn heute, was verbirgt er vor uns, vor dieser Gesellschaft, im Zeitalter der Globalisierung? Wie könnten wir unbeschwert leben, wie wir es doch meistens tun, wenn wir uns täglich, stündlich unserer Lage bewußt wären: daß wir, das Tempo immer weiter beschleunigend, dem Wahn hingegeben, in der grenzenlosen Ausweitung der Produktion materieller Güter liege unser Glück, auf ein Verhängnis zurasen, das wir uns konkret nicht vorstellen mögen. Es sind ja nicht wenige, und es werden immer mehr, die das sehen und davor warnen – mit Vorschlägen und inständigen Losungen: »Eine andere Welt ist möglich!«, zum Teil aber auch, wie wir es gerade erlebt haben, als unheimliche Kehrseite der Medaille, als Metastasen der Krankheit, die den ganzen Körper befallen hat: als »schwarzer Block« bei Demonstrationen, unkenntlich, gewalttätig, selbst Symptome des bedenklichen Zustands der Gesellschaft, gegen den sie eigentlich vorgehen wollen.

Ich habe den Verdacht, daß unter, hinter der »normalen« Verdrängung und Verleugnung, für die wir unseren blinden Fleck benutzen und die wir uns, wenn wir uns Mühe geben, bewußt machen können, eine undurchdringliche Dunkelheit liegt, eine Botschaft, gegenüber der wir wirklich mit Blindheit geschlagen sind und die wir durch keine Anstrengung entschlüsseln können. Ich fürchte, die könnte sich uns zu spät offenbaren.

Unsere blinden Flecke, davon bin ich überzeugt, sind direkt verantwortlich für die wüsten Flecken auf unserem Planeten. Auschwitz. Der Archipel Gulag. Coventry / Dresden. Tschernobyl. Der Mauerstreifen zwischen der DDR und der Bundesrepublik. Die entlaubten Wälder Vietnams. Die zerstörten Türme des World Trade Centers in New York.

Das wären einige der drastischen Beispiele für eine zerstörerische Wut, mit der die Widersprüche unserer Zeit sich entladen. Noch schneller gewöhnen wir uns an jene »wüsten Flekken«, von denen unsere Wirklichkeit, auf deren Oberfläche wir leben, durchlöchert ist: die immer absurder werdenden abgesperrten Zonen um Zusammenkünfte von Politikern wie den G8-Gipfel. Gefängnisse. Irrenhäuser. Schulen, die zu Hochsicherheitstrakten werden. Raketenversuchsgelände. Die ganze schöne neue Welt.

Wir doktern an einzelnen Symptomen herum, indem wir Gelder hin und her schieben, hauptsächlich aber, indem wir Machtinstrumente verstärken, um der Gewalt mit Gewalt zu begegnen. »Wo aber Gefahr ist, wächst das Rettende auch«? Ich weiß doch nicht, ob Hölderlins Wort noch gilt. Die absurde Lage, in der wir uns befinden, ist es ja, daß wir von den zerstörerischen Mächten abhängig sind; daß wir mit ihnen in einem Boot, richtiger: in einem Kriegsschiff sitzen und ihr Untergang uns mit hinabreißen würde. Sie können es verhindern, daß die erforderlichen Mengen Strom gespart werden, weil dies ihren Gewinn schmälern würde: nur ein jüngstes Beispiel. Und massenhafter Verzicht auf Konsum, der ihrer Überproduktion den Boden entziehen würde, ist nicht oder noch nicht durchzusetzen, davon abgesehen, daß viele Menschen, die diese Produkte herstellen, arbeitslos würden. Die große Frage ist, ob die Kräfte, die Alternativen schaffen, schnell genug wachsen können. Mich begleitet seit Jahren eine Zeile der Karoline von Günderrode, eine Dichterin der Nach-Goethe-Generation, die sich, noch jung, selbst entleibt hat, die scharf den Grundwiderspruch der heraufkommenden Jahrhunderte gesehen hat: daß sie gezwungen sein würde, »was mich tötet, zu gebären«.

2007

3.

Mit Realitäten umgehen, auch wenn sie einem nicht gefallen

Egon Bahr zum achtzigsten Geburtstag

Lieber Egon Bahr,

wissen Sie noch, wann wir uns zum ersten Mal trafen? Ich weiß es. Es war in den achtziger Jahren, es war die Zeit, da viele Menschen, besonders viele Künstler, die DDR verließen, es war in der Ständigen Vertretung der Bundesrepublik Deutschland, bei einem ihrer Empfänge, in meiner Erinnerung kamen Sie aus der Tür eines Nebenraumes und standen plötzlich vor mir. Man wollte uns einander vorstellen, wir versicherten beide, daß das nicht nötig sei. Wir begrüßten uns. Dann sagten Sie – ich kann mich noch an Ihren Gesichtsausdruck dabei erinnern: Ich hoffe, Sie halten durch und bleiben hier. Meine Antwort war: Keine Angst. Wir bleiben.

Danach hätten wir den ganzen Abend lang, nein: die Nacht durch und vielleicht weitere Tage und Nächte miteinander reden müssen, denn hinter jedem unserer kurzen Sätze lag ein Leben, lagen sehr verschiedene Leben, vielleicht sogar paradigmatische Lebensläufe für Sozialisten in der Bundesrepublik und in der DDR. Dieses lange Gespräch konnte damals nicht zustande kommen, und es fällt mir gar nicht leicht, mir vorzustellen, wie es verlaufen wäre; wo die Übereinstimmungsfelder gelegen hätten, wo die Punkte von Dissens. Was konnte ich damals von Ihnen wissen? Daß Sie ein enger Vertrauter von Willy Brandt waren; daß Sie den Satz »Wandel durch Annäherung« erfunden hatten und im Sinne dieses Satzes tätig geworden waren – was auch hieß, in den Führungskreisen der DDR Verunsicherung und Abwehr auszulösen. Daß Sie an der Ausarbeitung des »Papiers« über die Beziehungen zwischen der westdeutschen Sozialdemokratie und der SED maßgeblich beteiligt waren. Wie auch immer ich dazu stehen mochte – es waren alles offizielle Informationen; über den Menschen Egon Bahr wußte ich nichts. Allerdings: Als Politiker hielt ich Sie für glaubwürdig, eine Eigenschaft, die ich schon damals nur noch sehr wenigen Politikern in Ost und West zusprach.

Weiß ich jetzt mehr über den Menschen Egon Bahr? Einen mir wichtigen Aufschluß gab mir – auch das kommt ja vor – das Fernsehen. Genauer: die Übertragung des Rücktritts von Willy Brandt. Man sah Egon Bahr weinen. Danach stiegen meine Sympathie, mein Respekt für Sie und meine Neugier auf Sie. (In Ihrem Buch las ich dann, Sie hätten »nicht über den Rücktritt geweint, sondern über Gemeinheit und Heuchelei«.) »Neugier« heißt bei mir, daß ich mich für die Widersprüche interessiere, mit denen ein Mensch sich auseinandersetzen muß, und für die Konflikte, die er unvermeidlich dabei durchlebt. Es wäre vermessen, zu behaupten, nun würde ich »den Menschen« Egon Bahr kennen. Aber die Jahre nach der Wende, und besonders die letzten Jahre, brachten mir doch Begegnungen mit Ihnen, die mein sehr unvollständiges Bild von Ihnen bereicherten, es farbiger und kontrastreicher machten. Ich spreche vom Willy-Brandt-Kreis, von den Treffen am Müggelsee, aber auch von Ihrem Buch und von Aufsätzen, die ich las, von Fernsehauftritten, bei denen ich Ihnen zusah und zuhörte.

Wiederum: alles politisch, was sonst? Ich kann mir keine »öffentliche« Minute vorstellen, in der Egon Bahr nicht »politisch« ist. (Was ja auch heißt, daß er seine Äußerungen andauernd kontrollieren muß: Wie schaffen Sie es, daß diese Dauerbeherrschung nicht auch die innersten Regungen ergreift und lähmt?) Ich erlebte Sie als einen Menschen, der durchglüht ist von der Leidenschaft zur Politik, ohne dabei im mindesten direkt nach Macht zu streben. Nach Einfluß – ja, weil Sie sicherlich wußten, daß Sie, mehr als die meisten anderen, in der Lage waren, das oft wirre Gewebe der internationalen Politik zu durchschauen und, was nur sehr wenige Politiker können oder wollen, vorauszusehen, wie die einzelnen Fäden in der Zukunft verlaufen und was man, unter den gegebenen Umständen, tun kann, um sie am besten in das von Ihnen gewünschte Muster einzufügen. Unnötig zu sagen, daß dieses Muster nicht willkürlich von Ihnen entworfen wurde, sondern nach einer gründlichen Analyse aller beteiligten Faktoren und mit kühl kalkulierendem Kopf.

So weit, so gut. Aber wo liegt da die Konfliktmasse? Sie liegt, glaube ich, in der unlöslichen Verbindung Ihres Vermögens zu messerscharfer Analyse mit mehreren für Sie wahrscheinlich unbequemen Anlagen: Es ist Ihnen nicht gegeben, sich selbst zu betrügen, und: Sie haben die Gabe, sich in andere Menschen einzufühlen. Sie sind anfällig für Kunst: Sie lieben Musik. Ein derart zusammengesetzter Charakter ist, wie Conrad Ferdinand Meyer sagen würde, »kein ausgeklügelt Buch«, sondern »ein Mensch mit seinem Widerspruch«. Denn gar nicht so selten, stelle ich mir vor, gehen und gingen bei heiklen politischen Entscheidungen Ihre inneren Strebungen in verschiedene Richtungen auseinander. Mehr und mehr hat Ihr Werdegang Sie gelehrt, auf den nüchternen Kalkulator, auf die Stimme des Realisten in sich zu hören. »Ich will, weil ich muß!« sagen Sie einmal. Und genau an dieser Stelle würde ich jetzt gerne das Gespräch, das wir damals nicht führen konnten, mit Ihnen aufnehmen, und zwar mit der scheinbar simplen Frage: Was ist »realistisch«?

Das wäre ein Gespräch über die Frage, ob in einem an pragmatische Notwendigkeiten gebundenen und gewöhnten Denken radikale Fragestellungen überhaupt Platz haben, ob Sie die überhaupt zulassen. (»Radikal« im Sinne von: ein Problem an der Wurzel packend.) Oder kommen die Ihnen, da sie zumeist zu Ergebnissen führen, die »nicht machbar« sind, schlicht »unvernünftig« vor? Andererseits: Visionen hatten Sie – wie hätten Sie sonst in ungünstigster Zeit von der Verständigung und sogar Wiedervereinigung der Deutschen träumen können, ziemlich allein auf weiter Flur? Wiederum andererseits: Wo sehen Sie die Grenzen des Pragmatismus? – Als Beispiel: Ahnten Sie, wie Sie viele Ostdeutsche verprellten, als Sie – nach Jahrzehnten, zugegeben – Adenauer dafür lobten, daß er Globke in sein Kabinett geholt und damit die Integration alter Nazis in die Bundesrepublik befördert hatte? Genau diese Politik Konrad Adenauers hatte uns die Bundesrepublik für viele Jahre suspekt gemacht. Manchmal, besonders beim Lesen Ihres Buches, dachte ich: Diese gar nicht so kleine Schar von kritischen DDR-Bürgern kommt bei Ihnen nicht vor; sie wird nicht wahrgenommen; kann das daran liegen, daß Ihre strikte Gegnerschaft gegen den Kommunismus etwas wie einen blinden Fleck für solche Phänomene erzeugt hat? Daß die nationale Frage (zu) deutlich Priorität bekam vor der sozialen Frage? Es scheint so, als hätten alle achtzehn Millionen DDR-Bürger vierzig Jahre lang der Wiedervereinigung entgegengefiebert, die ja *das* Thema Ihres Lebens war. So war es aber nicht, und daß die Gründe dafür auch von Ihnen nicht – nicht einmal von Ihnen – reflektiert wurden, zeigt, wie vertrackt die Verhältnisse waren: Die DDR-Bevölkerung war Manövriermasse, über ihre Köpfe hinweg wurde – zu ihren Gunsten, so war es gemeint – zwischen sowjetischen und bundesdeutschen Politikern verhandelt. Subjekt der Geschichte war sie nicht, wurde sie ein Mal für wenige Wochen im Herbst 1989, um dann wieder in den Objekt-Status zurückzufallen oder gestoßen zu werden. (»Als ob Schäuble mit sich selbst verhandelte«, so beschreiben Sie die Situation am Verhandlungstisch zur deutschen Einheit.) Die Folgen dieser unglücklichen Entwicklung erleben wir heute, Sie sehen sie scharf und tun das Ihre, sie zu mildern.

»Mit Realitäten umgehen, auch wenn sie einem nicht gefallen« – das kann man bei Ihnen lernen. Man kann lernen, wie jemand sich fair einläßt auf Widersprechende, wenn sie ehrenhafte Motive haben. Ihr Sinn für Gerechtigkeit und Anstand bewährt sich auch dann, wenn Gegner ungerecht und unanständig gegen Sie vorgehen. (»Anstand« – was für ein altmodisches Wort, mir ist es eine Maßeinheit für Menschen.) Und Sie beobachtend erfährt man manches darüber, wie schwierig es sein kann, Moral und aktives Leben miteinander zu vereinbaren. »Die Maßstäbe des eigenen Verhaltens und Urteilens in sich selbst zu finden ist sehr schwer« – Sie sagen das von einem anderen, es ist aber aus eigener Erfahrung gesagt. »Daß der einzelne Mensch sich in Würde verwirklichen soll« und daß »Freiheit und Gerechtigkeit in der Würde enthalten« sind – das ist der Kern Ihrer Überzeugung, für Sie unantastbar. Die Nachricht, die NATO wolle mit Neutronenbomben nachrüsten, stellt ihn in seiner Substanz in Frage. »Das wäre eine Perversion des Denkens«, empfinden Sie und schreiben es, spontan, und publizieren es, ohne sich durch das Bedenken abhalten zu lassen, ob dieser Ausbruch politisch klug ist. Mit Genugtuung stellen Sie dann fest, was Ihnen wichtig ist: »Der Verstand bestätigte die Moral.« Wenigstens in diesem Fall.

Mehrmals habe ich miterlebt, wie Sie einen für Sie hohen Wert – Gewaltverzicht (das zweite Grundthema Ihres politischen Lebens) – abwägen mußten gegen ein realpolitisch erwünschtes Verhalten: Loyalität gegenüber den Verbündeten; es siegte (wenn man dieses strahlende Wort hier brauchen darf) die Loyalität; manche Ihrer Freunde folgten Ihnen da nicht, auch ich nicht. Dann erlebte ich Sie, wie Sie, ohne eine einzige Notiz zu bemühen, dreiviertel Stunden lang klar gegliedert, druckreif die aktuelle Lage schilderten und daraus Ihre Meinung begründeten, warum die Deutschen sich am Afghanistan-Krieg der USA beteiligen müßten. Es schien so, als könne man zwischen Ihre dicht gefügten Argumente kein Blatt Papier stecken. Aber als ich Sie nach einer längeren Diskussion fragte: Also haben wir nur die Wahl zwischen Pest und Cholera?, da erwiderten Sie: So sehe ich das. Ja.

Lieber Egon Bahr, dieser kurze Text, dem man vielleicht nicht anmerkt, daß es ein Glückwunsch ist, hat mich mehrere Tage in Ihrer Nähe gehalten. Am Ende bin ich nachdenklicher als am Anfang. Sie werden achtzig. Ist die Welt besser geworden während Ihrer Lebenszeit, oder, was Sie so sehr wünschen würden: vernünftiger? Da möchte man sich ein Wörtchen aus Kleists *Amphitryon* leihen: Ach!

Typisch Künstler, nicht wahr? So emotional geht es bei Ihnen nicht zu. Sondern so: »Versäumt die Menschheit, der Vernunft zu folgen? Werden ihre Politiker mehr den legitimen Interessen der Macht als Einsicht und Gewissen folgen? Dann müßte man pessimistischer sein, als erlaubt ist.« – Als Sie es sich erlauben, nicht wahr?

Also: Auf ein Neues, verehrter Herr Sisyphos!

Ihre Christa Wolf

2002

Ein besonderes, unvergeßliches Licht

Paul Parin zum neunzigsten Geburtstag

Lieber Paul Parin,

selten kann man einem Menschen, der einem nahesteht, zu seinem neunzigsten Geburtstag gratulieren; und sehr selten gehört dieser Mensch zu denjenigen, die im eigenen Leben Wichtiges bewirkt haben. Ich hoffe, Sie wissen, daß Sie für mich einer von diesen Menschen sind; jedenfalls will ich es Ihnen heute sagen. Wir kennen uns mehr als zwanzig Jahre. Ihr erstes Buch schenkten Sie mir 1985, es war einer Ihrer Berichte über Ihre Afrikareisen: *Zu viele Teufel im Land*. Sie reisten mit Ihren Gefährten ins Herz der Finsternis, und ich glaube, das taten Sie auch sonst, ob Sie als Arzt bei den Partisanen in Jugoslawien waren oder als Psychoanalytiker in das Dunkel der Seelen Ihrer Patienten eintauchten. Sie waren unerschrocken, und Sie waren und sind neugierig. Und was ich von Ihnen zu hören und zu lesen bekam, hat meine Weltsicht beeinflußt und meine eigene Neugierde angestachelt.

Ob wir in Ihrer winzigen Zürcher Küche von Goldy mit einem Steak bewirtet wurden, ob wir in einem Berliner Restaurant zusammensaßen oder in unserer Berliner Wohnung, dabei, in meiner Erinnerung, pausenlos miteinander redend: Bei Goldy und bei Ihnen fanden wir, was wir am dringendsten brauchten: Ermutigung. Dabei waren Sie beide illusionslos. »Wir lebten in einer Zeit«, schrieben Sie, »die nicht groß war, aber böse und grausam, in der es vielleicht schwer war, durchzukommen, aber leicht, zu wissen, was man zu tun hatte.« Einer Ihrer Sätze, die mir Anlaß zur Selbstprüfung waren: Wußte ich denn immer, was ich zu tun hatte?

Sie und Goldy gehörten und gehören zu den wenigen Menschen, die ich traf, die frei waren und sind: »Frei zu tun, was man selbst für richtig hält.« Und zwar kompromißlos und unerschütterlich. Das muß in einer Gesellschaft, die auf Anpassung ausgerichtet ist, Gegner schaffen. Beinahe genußvoll konnten Sie davon erzählen. Aber es schafft auch Freunde. Magnetisch zogen Sie beide Menschen an, die Alternativen suchten wie Sie selbst. Sie *waren* eine solche Alternative. Sie sammelten eine brüderliche Gemeinschaft um sich, in der Sie aufgehoben und glücklich waren und sind – mit der Einschränkung, daß Ihr Lebensglück durch den Tod Ihrer Gefährtin Sie verlassen hat.

Bei Ihnen lernte ich, daß man äußerst skeptisch sein kann »gegenüber den menschlichen Verhältnissen«, wie ja auch Ihr Lehrer Sigmund Freud es war, und doch nicht griesgrämig werden muß: heiter, freundlich, souverän das Leben genießen, von sich selbst und von den Mitstreitern eine moralische Anstrengung verlangen, ohne sich zu verkrampfen, erkennen, wie viel von dieser Anstrengung scheinbar erfolglos bleibt, und doch nicht bitter werden, sondern der Aufklärung verpflichtet bleiben. Einen »moralischen Anarchisten« haben Sie sich gelegentlich genannt, einen fröhlichen Anarchisten würde ich Sie nennen. Und da möchte ich jetzt endlich das Wort ins Spiel bringen, das mir schon die ganze Zeit über auf der Zunge liegt und das so unzeitgemäß wie möglich ist: das Wort »Utopie«. Wenn dieses Bild erlaubt wäre, würde ich sagen: Alles, was Sie tun und denken, was Sie sagen und schreiben, war und ist durchtränkt, gesättigt von Utopie. Von den Gestalten in einem Ihrer Bücher sagen Sie es direkt: »Sie wollen mehr, ein richtiges, großes Gewissen. Alles soll gerechter werden, womöglich die ganze Welt.« Alle Ihre Figuren in den Büchern, die Sie spät im Leben zu schreiben begannen, mit so viel Erfolg, sind auf der Suche nach einer tieferen Erfüllung hinter der Banalität des Alltagslebens. Einmal, natürlich in dem von Ihnen geliebten Afrika, reisen Sie mit Ihren Gefährten nach Tabou, in jene Stadt, die das Zentrum aller Sehnsüchte zu sein scheint. Was Sie erfahren, ist kein Wunder, sondern »nur« das gesteigerte

Normale, das konzentriert Menschliche. Ein besonderes, unvergeßliches Licht.

Lieber Paul Parin, was sage ich Ihnen zu diesem Geburtstag? Mein Leben wäre ärmer ohne Sie. Ich versuche, mich zu halten an Ihren Wahlspruch: »Inseln von Vernunft in einer irrsinnig selbstgefährdeten Welt schaffen.«

Ich umarme Sie, Ihre

Christa Wolf

2006

Zu *Rummelplatz* von Werner Bräunig

Wenn ich dieses Manuskript lese – denn ich habe es gelesen, ehe es ein Buch wurde –, steigt eine Fülle von Erinnerungen in mir auf. Es war das Jahr 1965. Ich sehe einen Versammlungsraum, in dem von »oberster Stelle« der Vorabdruck eines Kapitels aus diesem Manuskript scharf kritisiert wurde – eine Kritik, die, trotz Widerspruchs einiger Kollegen von Werner Bräunig, wenig später vor dem wichtigsten Gremium der Partei wiederholt wurde, und, wie ich glaube, den Autor entmutigt hat, diesen Roman weiter, zu Ende zu schreiben. Er bestritt das, er wollte mit seiner Prosa »teilhaben an der Veränderung der Welt«, und er sah, nach einem schwierigen, wechselvollen Lebenslauf, in der DDR, die ihm den Weg zum Schriftsteller ermöglichte, die Voraussetzungen für diese Veränderung, wie viele unserer Generation, zu der er, etwas jünger, noch gehörte. Eben darum konnte die Kritik, die sein Manuskript als mißlungen, sogar als schädlich bezeichnete, ihn so tief treffen. Er hat in sich keinen Widerstand dagegen aufbauen können. Er hat sich nur noch an Erzählungen gewagt. Einen zweiten Romanversuch hat er früh abgebrochen.

Von diesem hier aber, der nicht von Anfang an in der Öffentlichkeit *Rummelplatz* hieß, fand sich ein umfangreiches Konvolut im Nachlaß von Bräunig, der mit zweiundvierzig Jahren starb, an der Krankheit Alkohol. Mit wachsendem Erstaunen, bewegt las ich diese wirklichkeitsgesättigte Prosa. Die Schauplätze, die Arbeitsvorgänge, die er in erstaunlicher und wohl beispielloser Genauigkeit beschreibt, kannte ich nicht, aber mir war beim Lesen, als würde Bekanntes in mir wieder wachgerufen: Die Atmosphäre jener Zeit. Der Lebensstoff, den wir als aufregend, neu, herausfordernd erlebten und dem wir mit unseren Büchern gerecht werden wollten, scheinbar in Übereinstimmung mit den Aufrufen der Partei, der Bräunig angehörte, bis viele Autoren zu nahe, zu realistisch, vor allem kritisch an diesen Stoff herangingen und erfahren mußten: So war es nicht gemeint. Ein Buch wie dieses von Werner Bräunig hätte, wenn es nur erschienen wäre, Aufsehen erregt, es wäre in mancher Hinsicht als beispiellos empfunden worden. Noch einmal fühle ich nachträglich den Verlust, die Leerstelle, die dieses Nicht-Erscheinen gelassen hat.

Kann es heute noch wirken, nach vierzig Jahren? Nicht auf dieselbe Weise natürlich, wie es damals gewirkt hätte. Aber auch nicht nur als ein historisches Relikt, als ein Archiv-Fund. Dazu ist der Text zu lebendig, und, wie ich glaube, auch zu spannend. Mag sein, daß ehemalige Bürger der DDR ihn anders, beteiligter lesen als Westdeutsche. Die aber, vorausgesetzt, sie interessieren sich dafür, wie wir gelebt haben, finden in diesem Buch wie in wenigen anderen ein Zeugnis eben dieser Lebensverhältnisse, der Denkweise von Personen, ihrer Hoffnungen und der Ziele ihrer oft übermäßigen Anstrengungen. Und vielleicht auch die Möglichkeit, dafür Verständnis und Anteilnahme aufzubringen.

2007

»Jetzt mußt du sprechen«

Zum 11. Plenum der SED

Die Artikelserie, in die sich dieser Beitrag einfügt, steht unter der Überschrift »Mein Deutschland«. Gemeint ist die Bundesrepublik zu ihrem sechzigsten Jahrestag. Folgerichtig sind von fünfundzwanzig Themen zwanzig der Geschichte des westdeutschen Staates gewidmet. Fünf der Autoren auf dieser Liste haben in der DDR gelebt und sollen Themen behandeln, die das äußerst kritische Bild von diesem zweiten deutschen Staat befestigen – Beiträge zum zwanzigsten Jahrestag des Mauerfalls. Ich kann mich des Eindrucks nicht erwehren, daß die Aufnahme dieser kleinen »ostdeutschen« Gruppe einerseits eine Alibifunktion hat, andererseits dazu beiträgt, dem differenzierten Bild von der Bundesrepublik Deutschland eine ausschließlich düstere Sicht auf die DDR gegenüberzustellen und damit dem Zeitgeist Genüge zu tun. (Daß dies womöglich schon unbewußt geschieht, verstärkt nur die tiefgreifende Wirkung ständiger Wiederholung von inzwischen beinahe sakrosankten Thesen.)

Warum schreibe ich trotzdem – übrigens nicht zum ersten Mal – über das mir von der Redaktion angetragene Thema: »Mein 11. Plenum«? Meine Erfahrung lehrt mich, daß dieses Datum, das DDR-Bürgern etwas bedeutete, den meisten ehemaligen Bundesbürgern nichts sagt. Also sollte ich wohl die Chance wahrnehmen, über den Vorgang zu berichten, der sich hinter diesem Datum verbirgt und an dem ich unmittelbar beteiligt war: das 11. Plenum des Zentralkomitees der Sozialistischen Einheitspartei Deutschlands im Dezember 1965.

Es hat in meinem Leben eine einschneidende Rolle gespielt. »Einschneidend« – wodurch? Da muß ich weiter ausholen und dabei, wieder einmal, meine Erinnerung überprüfen, eingedenk des Benjaminschen Diktums, daß »wirkliche Erinnerung zugleich ein Bild von dem, der sich erinnert«, geben müsse.

Ich war, damals Kandidatin des ZK der SED, dabei. Diese Tagung war eines der aufwühlendsten Erlebnisse meines bisherigen politischen Lebens. Was weiß ich noch von diesem 11. Plenum? Wie immer: das, was mich emotional am meisten bewegt hat. Daß es ein Kulturplenum war, auf dem Kultur und Kunst – besonders die Filmkunst, aber auch Autoren wie Stefan Heym, Wolf Biermann, Werner Bräunig – als Sündenböcke für gravierende Widersprüche in anderen Bereichen der Gesellschaft mißbraucht und, durch vernichtende Kritik im höchsten Gremium der Partei, in ihrem Bestand und in ihrer Entwicklung nachhaltig geschädigt wurden. Daß die aggressive, denunziatorische Atmosphäre, die sich im Plenum ausbreitete, für mich schwer auszuhalten war. Daß ich mich schließlich genötigt sah, am dritten Tag das Wort zu ergreifen.

Alles richtig, bis auf eins. Mir war entfallen, was ich bei Durchsicht der Materialien feststellen mußte: daß dieses 11. Plenum keineswegs nur ein Kulturplenum war. Ich bin überrascht, daß ich »vergessen« hatte, welch einen Umfang wirtschaftliche Fragen in den dreieinhalb Verhandlungstagen einnahmen. Da sie mich nicht im gleichen Maß betrafen wie die Auseinandersetzung mit der Kunst, hat meine Erinnerung sie fallenlassen und gibt mir jetzt, durch Dokumente gestützt, einige Einzelheiten heraus, die das Gesamtbild wesentlich vertiefen.

Es ist ja wahr: Seit 1963 war in der Wirtschaft der DDR, übrigens auf Initiative Walter Ulbrichts, das »Neue ökonomische System der Planung und Leitung der Volkswirtschaft« (NÖSPL) eingeführt worden – ein Versuch, durch mehr Selbstverantwortung der Betriebe und eine gewisse Entbürokratisierung die ungenügende Effizienz der Produktion zu erhöhen. Dieser Versuch, ohne den sowjetischen Partner unternommen, mußte scheitern, unter anderem, weil effizientere wirtschaftliche Strukturen eine Demokratisierung der politischen Strukturen vorausgesetzt hätten. Die aber erschien der Führungselite als drohender Machtverlust und wurde blockiert. Schließlich hatte ein Besuch von Leonid Breschnew, dem neuen sowjetischen Generalsekretär, diesen Alleingang der DDR unterbunden. Das 11. Plenum mußte nun, anders als geplant, den Wirtschaftsfunktionären diesen Kurswechsel offenbaren, ohne ihn eigentlich beim Namen zu nennen: Die Klemme, in der die DDR außen- und innenpolitisch zeit ihres Bestehens steckte, erzwang wieder einmal extreme, destruktive Maßnahmen.

Seit Anfang der sechziger Jahre hatte eine Reihe von Autoren – auch ich – Beziehungen zu Betrieben, zu Wirtschaftsfunktionären, zu Arbeitern. Wir kannten ihre Probleme und schrieben über sie. (Auch die Erzählung *Der geteilte Himmel* hatte wesentlich Stoff aus dieser Verbindung gewonnen.) Sogar Mitglieder des ZK der SED, die mit im Plenum saßen, sprachen offen mit mir über den unübersehbaren Reformbedarf in der Wirtschaft der DDR. Der Selbstmord eines hohen Wirtschaftsfunktionärs, Erich Apel, kurz vor diesem Plenum wurde als alarmierendes Krisenzeichen gedeutet. Gerüchte und Vermutungen über die Gründe für diese Tragödie machten die Runde und bestimmten die Atmosphäre vor dem Beginn der Tagung.

Da bewies Walter Ulbricht wieder einmal seinen Instinkt für Massenstimmungen und erklärte gleich am Anfang: Wer wolle, könne ein hinterlassenes Tagebuch von Erich Apel einsehen, aus dem hervorgehe, daß er an einer Depression gelitten habe. Die Partei müsse daraus die Konsequenz ziehen, die gesundheitliche Betreuung ihrer Kader weiter zu verbessern. – Niemand hat Einblick in dieses Tagebuch verlangt, leider auch ich nicht. Nach dem Ende der DDR hat mir die Witwe Erich Apels gesagt, nach ihrem Wissen habe es niemals Tagebuchaufzeichnungen Ihres Mannes gegeben.

Das 11. Plenum machte auch Schluß mit einer liberaleren Jugendpolitik, welche eine bestimmte Gruppierung in der Partei nach dem Mauerbau eingeleitet hatte: der Jugend mehr Vertrauen, mehr Verantwortung. Das hatte sich aus der Sicht der

Funktionäre nicht bewährt, an mehreren Orten hatte es, zum Teil im Zusammenhang mit Rockkonzerten, Jugendkrawalle gegeben. Schuldige wurden gesucht und unter den Kulturschaffenden gefunden. Mit wachsender Bestürzung mußte ich hören, daß die Defa-Filme der letzten ein, zwei Produktionsjahre, die noch gar nicht in den Kinos waren, für das Fehlverhalten der Jugendlichen verantwortlich gemacht wurden.

Den ZK-Mitgliedern wurde in einer Mappe tendenziöses Material über diese Filme übergeben, und in den Pausen und abends wurden einige davon vorgeführt, in einer unbeschreiblich hysterischen Atmosphäre. Ich konnte sie mir in diesem Umfeld nicht ansehen.

Am zweiten Tag sprach der besonders aggressive Erste Sekretär der Bezirksleitung Leipzig, Paul Fröhlich, und verglich bestimmte Vorgänge im Schriftstellerverband mit dem Petöfi-Club 1956 in Ungarn – das heißt, mit einer als konterrevolutionär eingestuften Vereinigung. Ich wußte: Wenn das unwidersprochen blieb, war der Schriftstellerverband Freiwild für jegliche »Disziplinierungs«maßnahmen. Abends war ich bei Konrad Wolf, mit dem ich seit der Arbeit am Film *Der geteilte Himmel* befreundet war. Er war so entsetzt wie ich. Jetzt mußt du sprechen! sagte er. Ich übernachtete bei Jeanne und Kurt Stern, alte Genossen, Spanienkämpfer, Filmautoren, Übersetzer. Wir diskutierten bis in die Nacht hinein, ich schlief kaum, kritzelte mir ein paar zusammenhanglose Notizen auf einen Zettel und meldete mich am nächsten Tag zu Beginn der Sitzung zu Wort. Obwohl es eine längere Liste von Wortmeldungen gab, wurde ich sehr bald aufgerufen.

Die Illusion, daß mein Einspruch den Verlauf der Tagung verändern könnte, hatte ich nicht. Ich wollte durch Abwehr der schlimmsten Injurien gegen den Schriftstellerverband und gegen meinen Kollegen Werner Bräunig, dessen vorab gedruckter Romanauszug *Rummelplatz* heftig angegriffen wurde, wenigstens auf die katastrophalen Folgen solcher Urteile hinweisen. Vor allem aber, das war mir damals schon bewußt, sprach ich meinetwegen: Ich wußte, daß ich nicht mehr schreiben könnte, wenn ich hier schweigen würde. Die moralische Berechtigung, Schriftstellerin zu sein, wäre mir abgeschnitten.

Ich erklärte mich nicht einverstanden mit der politisch sehr negativen Charakterisierung des Romanauszugs von Werner Bräunig. Das begründete ich mit einem Satz, der in diesem Saal wohl noch nie geäußert worden war: »Ich könnte es mit meinem Gewissen nicht vereinbaren.« Ich sei in einem Konflikt, den ich nicht lösen könne. Das Schreiben werde immer komplizierter. Die Kunst müsse »auch Fragen aufwerfen, die neu sind«. »Man darf nicht zulassen«, sagte ich, »daß dieses freie Verhältnis zum Stoff, das wir uns in den letzten Jahren ... erworben haben, wieder verlorengeht.« Die Kunst gehe »von Sonderfällen aus« und könne »nach wie vor nicht darauf verzichten, subjektiv zu sein, das heißt, die Handschrift, die Sprache, die Gedankenwelt des Dichters zu verstehen«. Dies und was ich sonst zu den Voraussetzungen des Entstehens von Literatur äußerte, war hochgradig »Subjektivismus« und heizte die Stimmung im Saal an, die sich in Zwischenrufen gegen mich Luft machte.

Ich war sehr aufgeregt und sprach, besonders am Anfang, unkonzentriert. Ich wußte, daß in diesem Gremium noch nie eine Kritik an einem Bericht des Politbüros geäußert worden war, und versuchte deshalb, im ersten Teil meiner Rede die Versammelten meines grundsätzlichen Einverständnisses mit der Politik der Partei zu versichern. Das war nicht nur taktisches Verhalten. Der tiefgehende Konflikt, in dem wir alle steckten – die Filmemacher, Bräunig, ich –, war gerade, daß wir durch unsere Arbeit die Entwicklung in der DDR vorantreiben wollten, für die wir uns mitverantwortlich fühlten. Wir hatten gehofft, nach dem Bau der Mauer würden bessere Bedingungen für eine kritische Literatur und Kunst entstehen, welche die Demokratisierung in anderen Bereichen der Gesellschaft befördern würden.

Im Grunde ging es seit dem XX. Parteitag der KPdSU darum, die Folgen des Stalinismus zu überwinden, durch zutreffende

Analyse, in der Sicht auf die Verhältnisse, in der Offenheit der Diskussion über die Widersprüche in der Gesellschaft. Diese Intentionen vieler Künstler und einiger Philosophen stießen an ihre Grenzen, wenn sie die Herrschaftsstrukturen antasteten: Die standen nicht zur Disposition. Heute sieht man klar, daß die DDR, eingeklemmt zwischen dem Diktat der Sowjetunion und dem ökonomisch-politischen Druck aus dem Westen, kaum Handlungsspielraum hatte und daß schon deshalb die Oberen äußerst empfindlich auf jede vermeintliche oder wirkliche Abweichung von ihrer Linie reagierten.

Der Vollständigkeit halber sollte ich noch erzählen, daß Anna Seghers, die als Präsidentin des Schriftstellerverbandes nach der Pause anwesend war, billigte, daß und wie ich gesprochen hatte, und mich, um mich zu beruhigen, nötigte, mit ihr ins ostasiatische Museum zu gehen – nahebei auf der Museumsinsel. In der Prozessionsstraße, vor dem Ischtar-Tor, sagte sie, in den alten Religionen hätten sie nicht mal Menschen darstellen dürfen und welch schöne Kunst hätten sie trotzdem gemacht. Die Menschendarstellung sei doch bei uns nicht verboten. Und »das andere« werde vorbeigehen, in einem Jahr sei »das« vorbei. Ich widersprach. Da wetteten wir um einen Kaffee. Wir sind nie wieder darauf zurückgekommen. – Anna Seghers, die schon ganz anderes erlebt hatte, wollte mir sagen: Nimm das nicht zu wichtig, ordne das ein. Ich konnte es nicht anders als wichtig nehmen.

In dem »authentischen« Protokoll der Tagung war dann weder die Erwähnung des Petöfi-Clubs bei Paul Fröhlich noch meine Erwiderung darauf abgedruckt. Ich beantragte, nicht wieder als Kandidatin des ZK aufgestellt zu werden. Dem wurde stattgegeben. Die Folgen des Plenums: Zwölf Defa-Filme wurden verboten (auch unser Film *Fräulein Schmetterling*, beim 11. Plenum noch nicht fertiggestellt, wurde nach dem Rohschnitt verboten). Der Roman *Rummelplatz* von Werner Bräunig wurde nicht veröffentlicht, der Autor begann sich in den Alkohol zu flüchten und starb früh. (Im vorigen Jahr hat der Aufbau Verlag sein nachgelassenes Manuskript veröffentlicht, das unter anderem die frühen Jahre in der »Wismut« schildert, wo unter schwierigen Bedingungen Uran für die sowjetische Atomproduktion gefördert wurde. Dieses Buch hatte, auch wegen seiner literarischen Qualität, einen spektakulären Erfolg.) Es begann die Polarisierung unter den Intellektuellen in der DDR, die nach der Biermann-Ausbürgerung krasse Formen annahm. – Ich begann im Jahr nach dem Plenum *Nachdenken über Christa T.* zu schreiben.

2009

In Zürich und Berlin

Zum fünfundsiebzigsten Geburtstag von Adolf Muschg

Lieber Adolf Muschg,

eines der ersten Bilder, die ich sehe, wenn ich an Dich denke, zeigt Dich in einer Zürcher Kneipe (vielleicht war es auch ein seriöses Restaurant): Ein gut aufgelegter Mann, der soeben als Kandidat der Schweizer Sozialdemokraten eine Kommunalwahl verloren hat; ich erinnere mich nicht an den Inhalt, wohl aber an den Ton der kurzen Rede, die Du hieltest, und an die lebhafte Zustimmung, den Beifall der Dir wohlgesinnten Anwesenden. Ich erinnere mich, daß mir Deine Haltung zu einer Niederlage, Deine Souveränität sehr gefielen: nicht im mindesten deprimiert oder resigniert zu sein.

Schon vorher und danach gab es die Lektüre Deiner Bücher, an denen mich besonders ihre psychologische Tiefenschärfe und das profunde Wissen auf so vielen Gebieten faszinierten. Und natürlich der immerwährende Antrieb zu der heiklen Tätigkeit des Schreibens, den Du direkt und indirekt zu erkennen gibst: die Selbsterforschung und die schonungslose Auseinandersetzung mit den Wurzeln dieses Antriebs (»... dann wird es nötig, dass *ich* mit mir leben lerne, bevor ich sterbe« – ein Bedürfnis, das man wohl »existenziell« nennen kann, genügend dringlich, daß es die beeindruckende Reihe Deiner Bücher hervorbrachte und weiter hervorbringt). Auf dieser Ebene stellte ein Gedanken-Dialog wie von selbst sich her.

Dann kam später überraschend Deine Einladung, Dich in Zürich in Deinem Schreibseminar an der Technischen Hochschule zu vertreten, während Du als fellow beim Wissenschaftskolleg in Berlin sein würdest. Was zunächst nur wie eine Vertauschung der Wohnorte aussah, wurde mehr für uns: die Erfahrung, als Beschäftigte in einer westlichen Stadt zu leben, was für uns – es war der Winter 1987 – noch keineswegs selbstverständlich war. Es ergab sich für uns daraus eine im Wortsinn eigenartige Parallelität und Verknotung unserer eigenen, gerade besonders drängenden Problematik, da bei uns zu Hause die Turbulenzen jener Jahre begannen, an deren Ende der Zusammenbruch der DDR stand, mit den verwickelten Selbstfindungsprozessen »westlicher« Studenten, für die das Schreibseminar oft ein Vorwand war und auf die Du Dich eingelassen hattest, während Du sie gleichzeitig die Grundlagen professionellen Schreibens lehrtest, soweit die lehrbar sind. So warst Du zwar nicht leibhaftig, aber doch »im Geiste« anwesend.

Danach gab es Begegnungen bei dieser und jener Schriftstellerzusammenkunft, wie das in unserem Gewerbe üblich ist, wenn man weit entfernt voneinander wohnt. Ich erinnere mich an ein Essen nach einem Vortrag von Hans Mayer über Heinrich Mann in der Westberliner Akademie der Künste – in der Du später Präsident warst. Das brachte Dich näher an uns Berliner heran, und wieder hatte ich Gelegenheit, die Brillanz Deiner Reden zu den verschiedensten alten und neuen Autoren zu bewundern, die Dein Amt Dir auferlegte.

Zuletzt, im April 2007, fuhren wir gemeinsam in einem Auto nach Potsdam-Genshagen, um mit anderen auf einem Podium über Georg Büchner zu reden. Ich mußte in alten Kalendern blättern, um diesen Termin zu finden – mir schien dieses bisher letzte ausführlichere Zusammentreffen mit Dir erst wenige Monate zurückzuliegen. So geht die Erinnerung mit uns um, das wirst Du wissen und, je älter Du wirst, mehr und mehr erfahren. Aber von Freunden und Gefährten bleibt einem, auch wenn Einzelheiten verschwimmen mögen, doch der Eindruck von der Essenz einer Person. Diese Eindrücke gehören zum großen Gewinn eines Lebens.

Dein fünfundsiebzigster Geburtstag trifft Dich bei voller Arbeitsfrische, anders kann ich mir Dich nicht vorstellen. Ich gehöre nicht zu denen, die sich und anderen ein fortgeschrittenes Alter schönreden können. Manches wird schwieriger, lastender, anstrengender, Alterserfahrung macht ja nicht nur (oder überhaupt nicht) »weiser«, sondern auch nüchterner, skeptischer. Die Welt will nicht nach unseren Vorstellungen laufen, nicht wahr? Also was hoffen? Was wünschen? Gesundheit und Lebensfreude sind Gaben, die uns, wenn wir Glück haben, begleiten. Ich wünsche Dir dieses Glück.

Deine C. W.

2009

O Dichtung, herrlich, streng und sanft

Begegnungen mit Spanien und seiner Literatur

Eigentlich sollte diese Veranstaltung, zu der wir uns heute hier versammelt haben, in Madrid stattfinden; jedenfalls war das der Wunsch der Universität von Madrid, deren Abteilung für deutsche Philologie mir im Juni 2008 in einem Brief ihres Direktors, Dr. Arno Gimber, ihre Absicht kundtat, mir die Ehrendoktorwürde zu verleihen. Ich will nicht verschweigen, daß ich einen gelinden Schreck bekam; weil mir schon mehrere Ehrendoktorwürden erteilt wurden und ich jedesmal das Gefühl hatte, akademische Ehren hätte ich nicht verdient, hatte ich mir vorgenommen, weitere Anträge dieser Art nicht mehr anzunehmen. Dann las ich die Liste der Autoren, die bisher mit dieser Auszeichnung der Madrider Universität bedacht worden waren, und ich begriff, daß ich diese Ehre nicht ablehnen konnte: Rafael Alberti stand da unter anderen, Umberto Eco, Claudio Magris, Ferit Orhan Pamuk. Bleibt mir also nur, Ihnen zu versichern, daß es mich sehr berührt, mich von Ihnen in eine solche Reihe eingegliedert zu sehen, und daß ich Ihnen für diese Auszeichnung danke.

Leider konnte ich mein Vorhaben, nach Madrid zu kommen – eine Stadt, die schon lange auf meiner Wunschliste stand –, nicht verwirklichen: Durch die Folgen einer Operation bin ich in meinem Bewegungsradius eingeschränkt und traue mir zur Zeit Auslandsreisen nicht zu. Daher bin ich dankbar, daß die spanische Botschaft in Berlin für diesen Anlaß die Gastgeberrolle übernommen hat und daß die Urheber meiner Auszeichnung, darunter der Rektor der Universidad Complutense de Madrid, Herr Carlos Berzosa, hierhergekommen sind.

Ich blättere in dem Buch über Geschichte und Gegenwart dieser Botschaft, das mir der Botschafter, Herr Rafael Dezcallar de Mazarredo, geschenkt hat. Nicht überraschend ist auch dieses Gebäude vom Ablauf der deutschen Geschichte des vorigen Jahrhunderts, von Gewalt, Diktatur, Krieg, Teilung Deutschlands in zwei Staaten, betroffen gewesen und spiegelt in den verschiedenen Bauabschnitten die je politischen Verhältnisse in Deutschland und in Spanien wider. Es ist zu hoffen und zu wünschen, daß die Botschaft künftig ihren Auftrag, friedlicher Treffpunkt zweier Kulturen zu sein, ungestört erfüllen kann.

Aus Anlaß dieser Auszeichnung habe ich mich gefragt, inwiefern und inwieweit ich Spanien, seine Geschichte, seine Kultur kenne. Wir, damals junge Leute in der DDR, interessierten uns brennend für den Spanischen Bürgerkrieg gegen die Franco-Diktatur, an dem ältere Kollegen von uns, Schriftsteller, mit denen wir befreundet waren, als Kämpfer in den Internationalen Brigaden teilgenommen hatten. Ich nenne nur einige: Kurt Stern, Eduard Claudius, Walter Janka. Sie haben uns davon erzählt. Und die ersten Spanier, denen ich begegnet bin, waren Emigranten, die vor dem Franco-Regime in die DDR geflohen waren. Da lernte ich, zuerst durch ihre Bilder in Ausstellungen, dann auch persönlich, Nuria Quevedo kennen, die zu meiner Freude mit ihrem Mann Karlheinz Mundt heute hier ist. Wir sind Freundinnen geworden, nicht zuletzt durch eine Zusammenarbeit, durch ihren Zyklus von Radierungen zu meinem Buch *Kassandra*. Ich glaube, ihre Bilder von spanischen Emigranten haben mich mehr über die Tragik der Emigration gelehrt als manche Bücher.

Und jeden Abend sitze ich einem ihrer Bilder gegenüber, das ich besonders liebe. Dazu muß ich erzählen, daß die einzige Stadt in Spanien, die ich kenne, Barcelona ist, die Stadt, in der Nuria Quevedo aufgewachsen ist. Ich war dorthin im November 1986 von meinem Verlag, Circulo de Lectores, eingeladen, um die Übersetzung von *Kassandra* vorzustellen. Die Stadt faszinierte uns, meinen Mann und mich. Noch heute kann ich mir Stadtbilder, die Ramblas, die kleinen quirligen Nebenstraßen, den Blick auf das Meer heraufrufen, wenn ich die Augen schließe. Natürlich gingen wir besonders den Zeugnissen von Antoni Gaudis Arbeit nach. Und so standen wir auch einmal an einem Punkt, von dem aus man einen guten Blick auf die Sagrada Familia und deren Umfeld hat. Und genau von diesem Punkt aus hatte Nuria Quevedo diesen selben Blick gemalt – unverkennbar, wenn auch ohne das Gehölz, das inzwischen dort gewachsen ist. Und eben dieses Bild hängt in unserem Zimmer, ich sehe es jeden Tag und werde seiner nie überdrüssig.

Wir wissen, daß wir die Beschaffenheit, die Atmosphäre, den Zauber eines Landes, die Mentalität seiner Bewohner durch die Literatur erfahren können, die dort entstanden ist (auch dann, wenn sie von vertriebenen Schriftstellern außerhalb ihres Landes geschrieben werden mußte). Nachdenkend über meine Vorstellung von Spanien, tauchten natürlich Namen von Autoren, Titel von Büchern vor mir auf. Früh las ich zum Beispiel, beeindruckt, *Auf der Plaça del Diamant* von Mercé Rodoreda, las die Bücher der Ana María Matute, der ich einmal persönlich begegnete, nenne hier auch, obwohl sie keine Spanier sind, die großen spanischsprachigen Autoren Lateinamerikas, Neruda, Cortázar, Borges, Mario Vargas Llosa, Onetti. Das Werk von Jorge Semprún hat mich begleitet. Federico García Lorcas Schicksal war uns gegenwärtig, einige seiner Stücke liefen auf unseren Bühnen in eindringlichen Inszenierungen, besonders erinnere ich mich an eine von Poesie getragene Aufführung von *Doña Rosita bleibt ledig*. Lorca, der geschrieben hat: »Ich weiß, daß nicht der recht hat, der ›sofort, sofort, sofort‹ sagt, wobei er seine Augen auf die kleinen Schlünde der Schalter heftet, sondern der, der ›morgen, morgen, morgen‹ sagt und das neue Leben kommen fühlt, das über der Welt schwebt« – Worte, die heute nicht mehr geschrieben werden könnten. Und um ein wichtiges Genre nicht auszulassen, nenne ich noch die Namen zweier Filmregisseure: Buñuel und Carlos Saura.

Sie verstehen: Ich strebe hier keine vollständige Aufzählung spanischer Autoren und Künstler an, die mir begegnet sind. Was mir, indem ich mich ihrer erinnere, erneut bewußt geworden ist: daß ein Volk seine Literatur und Kunst braucht, um Zusammenhalt zu erfahren, um sich zu erkennen, sich zu *sehen*, um seine Identität zu finden, die sich ohne diese Bindemittel nicht entwickeln würde. (In dem Buch eines Autors einer jüngeren Generation, in dem ich gerade lese – Antonio Muñoz Molina –, der über die Sehnsucht eines Bauernjungen nach der Reise zum Mond schreibt, finde ich den Satz: »Vom Weltraum aus gesehen, ist Spanien wunderschön.«)

Mario Vargas Llosa sagt in seinem Text über den Geschichtenerzähler, dessen Wirken bis in die Vorgeschichte der Menschheit zurückreicht und der uns dazu bringt, zu phantasieren und zu träumen: »Wir phantasieren und träumen gerade das, was wir nicht leben, eben weil wir es nicht leben, aber gern leben würden. Deshalb denken wir uns ein anderes Leben aus«, ein Leben, das Vargas Llosa einen »magischen Spiegel« nennt, der uns lebenswichtig ist – auch denen lebenswichtig ist, die nicht in ihn hineinblicken. Wie Vicente Aleixandre es in einem Gedicht ausgedrückt hat:

> »Für wen schreibe ich? so fragte mich der Chronist, der Journalist oder ganz schlicht der Neugierige.
>
> Ich schreibe nicht für den Herrn im vornehmen Jackett, nicht für seinen verärgerten Schnurrbart, nicht einmal für seinen erhobenen tadelnden Zeigefinger in den traurigen Wellen der Musik. …
>
> Ich schreibe für die vielleicht, die mich nicht lesen. Für jene Frau, die durch die Straße läuft, als wollte sie die Tore dem Frührot aufschlagen. …
>
> Für alle schreibe ich. Für die vor allem, die mich nicht lesen.«

Dieses in Wirklichkeit viel längere Gedicht, auf deutsch veröffentlicht in dem Band *Nackt wie der glühende Stein*, wurde von Erich Arendt übersetzt, dem großen Mittler zwischen der spanischsprachigen und der deutschen Literatur, der im Spanischen Bürgerkrieg auf der Seite der Republikaner war. Auch das Werk von Miguel Hernández, der im Gefängnis starb, hat er nachgedichtet, ebenso das von Rafael Alberti. Ich blättere in dem Band *Stimme aus Nesselerde und Gitarre* und stoße auf die »Erinnerungen an die beständige Dichtung« – Zeilen, mit denen ich diese Danksagung beenden möchte:

»O Dichtung, herrlich, streng und sanft,
mein einzig Meer zuletzt, das immer wiederkehrt!
Wie wolltest du zurück mich lassen, wie könnte ich,
blind, eines Tages daran denken, dich zu lassen?

Was mir verbleibt, was ich besaß, bist du,
seit ich das Licht erblickte, ohne zu verstehen.
Treu im Glücke, treu im Ungemach,
an deiner Hand im Frieden
und im unglückseligen Gedröhn
von Blut und Krieg, an deiner Hand.«

2010

Kuckucksrufe

Kleine Rede zu einem günstigen Augenblick

信長 鳴かぬなら、殺してしまう、ほととぎす
Nobunaga: Nakanu-nara, koroshite shimau, Hototogisu
Wenn er nicht singt, bring ich ihn um, den Kuckuck.

秀吉 鳴かぬなら、鳴かせて見よう、ほととぎす
Hideyoshi: Nakanu-nara, nakasete miyō, Hototogisu
Wenn er nicht singt, bringen wir ihn zum Singen, den Kuckuck.

家康 鳴かぬなら、鳴くまで待とう、ほととぎす
Ieyasu: Nakanu-nara, nakumade matō, Hototogisu
Wenn er nicht singt, dann warten wir, bis er singt, der Kuckuck.

Einer meiner Enkelsöhne ist augenblicklich in Japan und widmet sich mit Freude der japanischen Kultur. Er schickte mir zum Geburtstag drei Haikus, die von den drei berühmten Reichseinigern überliefert sind.

Der erste: Wenn er nicht singt, bring ich ihn um, den Kuckuck.

Der zweite: Wenn er nicht singt, bringen wir ihn zum Singen, den Kuckuck.

Der dritte: Wenn er nicht singt, dann warten wir, bis er singt, der Kuckuck.

»Geschichte über Gedichte« nennt mein Enkelsohn das. Für mich sind es Gleichnisse über die Poesie, die Lust am Schöpferischen. Alle drei Methoden habe ich selbst erlebt oder miterlebt. Am meisten mußte ich jetzt aber über die zweite nachdenken: Wie »bringen wir ihn zum Singen«, den Kuckuck? Was für Stimulantien haben wir? Spazierengehen? Lesen? Joggen? Musik hören? Drohen? Ihn kritisieren? Das hilft ja manchmal auch, bringt aber wohl nicht den schönen, freien Gesang hervor.

Am meisten hilft wohl: ihn, den Gesang, freudig erwarten, ihm aufmerksam zuhören, wenn er denn singt, und ihn so zur Wiederholung anreizen. Ihm mit Verständnis begegnen. »Verständnis« ist für mich ein Schlüsselwort – im Leben wie beim Schreiben. Als ich das Büchlein aufschlug, kam mir ein warmer Luftstrom entgegen – soviel Zuwendung, Verständnis, Freundschaftlichkeit von so vielen Kolleginnen und Kollegen, auch von vielen jüngeren, das hatte ich wirklich nicht erwartet.

Die positiven Eigenschaften, die einem an solchem Tag zugeschrieben werden, kann man ja mit Skepsis betrachten – man kennt ja ihre Kehrseite, man weiß, daß man jede positive Eigenschaft auch negativ deuten kann. Die Äußerungen über die Wirkung der Arbeit und der Person auf andere muß man einfach entgegennehmen, bis zu einem gewissen Grad auch glauben. Man hat ja diese Wirkung nicht absichtlich erzeugt, wenn das der Fall wäre, bliebe sie ja aus.

Achtzig werden ist ein zwiespältiger Vorgang: Die Zahl markiert die Schwelle zwischen älter werden und alt sein, das ist nicht lustig. Andererseits: So alt geworden zu sein – für alles, was ich in jedem Jahrzehnt erleben durfte, dafür bin ich dankbar. Dieses Alter hat also ein Janusgesicht wie so vieles im Leben.

Gerhard, mein lieber Mann, sagte mir, ich solle in meiner kleinen Rede ein Goethezitat unterbringen – Goethe sei immer gut. Wie immer gehorche ich ihm und sage Ihnen einen Spruch, der mich seit Jahren und auch besonders in den letzten Tagen begleitet:

»Ich weiß, daß mir nichts angehört
Als der Gedanke, der ungestört
Aus meiner Seele will fließen,
Und jeder günstige Augenblick,
Den mich ein liebendes Geschick
Von Grund aus läßt genießen.«

Jetzt ist so ein günstiger Augenblick für mich. Sie haben ihn mit geschaffen, und ich bitte Sie, ihn mit mir zu genießen.
Wir werden ihn schon zum Singen bringen, den Kuckuck!

2009

4.

An Carlfriedrich Claus erinnern

Wenn ich mir ein Erinnerungsbild von Carlfriedrich Claus heraufrufe, sehe ich eine zierliche Gestalt mit einem großen Kopf. Das ist merkwürdig, weil es der wirklichen Erscheinung von Carlfriedrich Claus nicht entspricht. Er war zart, ja, aber Kopf und Gliedmaßen standen im durchaus angemessenen Verhältnis zueinander. Meine Wahrnehmung des dominanten Kopfes erkläre ich mir aus der Tatsache, daß Claus sich als Künstler der Erforschung der Prozesse gewidmet hat, die in diesem Kopf, unter dieser oft als Umriß auf seinen Blättern auftauchenden Schädeldecke stattfinden. Feinste, beinahe unstoffliche Vorgänge werden in allerfeinsten Linien, die aus Schriftzeichen bestehen, aufgefangen und zueinander in Beziehung gesetzt. Wie ein Mensch seine ganze Welt, alles, was er ist und erfahren hat, in jeder Sekunde als Inhalt seines Gehirns mit sich trägt, so trug Carlfriedrich Claus sein ganzes auf hauchdünne Blätter gezeichnetes Werk in einer Aktentasche mit sich herum – was jedem, der das wußte und seine singuläre Bedeutung erkannte, Schauer des Entsetzens über den Rücken jagte. Aber ein gut gesichertes Bankfach kam lange Zeit für ihn nicht in Frage.

So war er, arglos. Das hat ihn angreifbar gemacht, sollte man meinen, aber da er selbst sich seiner Angreifbarkeit nicht bewußt war, hat es ihn auch geschützt. Daß er nicht die Spur taktischen Verhaltens zeigte, nicht zeigen *konnte*, daß er jedem gegenüber offen, wohlwollend, zutraulich die Voraussetzungen, die Inhalte seines Werkes aufdeckte, daß er jeden ernst nahm und in ihm einen künftigen Verständigen sah, das hat auch die Unverständigen wohl verblüfft. Das hat ihren Verdächtigungen den Boden entzogen. So blieb er weitgehend unbehelligt und machte sich nicht einmal klar, daß das ein kleines Wunder war.

Der äußerst diffizile, auf umfangreichen und tiefgehenden

philosophischen Voraussetzungen basierende Charakter seiner Arbeit scheint der Klarheit, beinahe Durchsichtigkeit des Wesens von Carlfriedrich Claus zu widersprechen. Fast geniert man sich, es zu sagen: Er war ohne Harm, ohne Falsch. Dabei keineswegs beeinflußbar.

Seine Lebensweise war derart abwegig, daß Freunde sich immer wieder zu Gegenentwürfen veranlaßt sahen. Carlfriedrich, ein höflicher Mensch, hörte sich alles an, genoß, wenn er auf Besuch bei Freunden war, alle Annehmlichkeiten eines bürgerlichen Haushalts, besonders gutes Essen, und ging zurück in seine Annaberger Klause, wo er, um den Staub zuzudecken, auf dem Boden eine neue Lage Papier über die alten auslegte, sich mit Milchpulver und starkem Kaffee am Leben hielt, den täglichen Gang zur Post zelebrierte und in den tiefen Nächten, in Selbstbeobachtungen versunken, seine einmaligen Blätter schuf. Dabei wurde er immer blasser, durchgeistigter, seine Augen wurden immer größer und strahlender.

Und er wurde, das war vorauszusehen, krank. Aber er mußte tun, was er tat, und er konnte es nur so tun. Wenn man will, mag man ihn als Figur anachronistisch nennen. Ich denke, seine visionäre Gedankenwelt, die in seinen Schriftblättern aufgehoben ist, weist weit in die Zukunft hinaus. Er hat daran geglaubt, daß es Sinn hat, an die Wurzeln unserer Existenz als Menschen vorzudringen und sie bloßzulegen. Er unterzog sich der enormen Anstrengung, die dazu nötig war, um aus der Untiefe des bisher Unbewußten und Ungesehenen etwas Gestaltetes heraufzuholen, das in uns Erkenntnis, Wieder-Erkennen aufblitzen läßt und uns staunen macht.

2005

Carlfriedrich Claus, *Für Christa zum 18. 3. 79.* Pinsel, Tusche auf Transparentpapier (Vorderseite) 1979

Ein Ring für Nuria Quevedo

Ich wüßte niemanden, dem oder der ich diesen Ring der Galerie »Sonnensegel« lieber übergeben würde als Nuria Quevedo.

Ich will ganz persönlich sprechen, fern von jedem Versuch, ihr Werk auch nur andeutungsweise zu würdigen. Ich kann sagen, daß ich mit ihren Bildern lebe, seit ich sie – soweit es sie damals schon gab – in der großen Schweriner Ausstellung 1981 zum ersten Mal sah; das heißt, ich kann sie mir heraufrufen, ich nenne nur wenige: das große Bild der spanischen Emigranten aus dem Bürgerkrieg, in deren »hermetischer Welt« sie als junges Mädchen gelebt hatte, dann: *Eine Art, den Regen zu beschreiben*, und ganz besonders: *Der geschlagene Don Quijote kehrt zurück* – wie er, der Ritter von der Traurigen Gestalt, gestützt auf Sancho Pansa und auf einen langen Stab, offenbar mühsam, Schritt für Schritt, über eine endlose Ebene daherkommt, das kann man nicht vergessen, und ich habe erlebt, wie dieser Don Quijote als Sinnbild für den immer wieder Geschlagenen, der niemals siegen wird, aber immer wieder zurückkehrt, in jede Veränderung der Gesellschaft hineinpaßt, eben weil er in keine paßt, je gepaßt hat und passen wird, eine Gestalt, die einfach weitergeht, erschöpft, aber unbeirrt, ein Urbild menschlicher Sehnsucht, die zu unterdrücken, aber nicht auszurotten ist: »Ein unerschöpfliches Thema«.

In den achtziger Jahren fingen wir an, sparsam Briefe und Karten zu wechseln, es ging um Nurias Arbeiten zu *Kassandra*, die, wie alle ihre vielen Arbeiten zur Literatur, keine Illustrationen sind, die mir eine tiefe archaische Schicht der Figur gezeigt haben. Sie habe »Zugang zum Deutschen« – das ihr, der spanischen Emigrantin, fremd war, die die »etwas bittere Schönheit der Berliner Straßen« sehen lernte durch Konrad Knebels Bilder –, sie habe Zugang zum Deutschen, »als Mentalität, als Eigenart eines Volkes, geprägt durch Kultur, Geschichte und Gegenwart«, durch die Literatur bekommen. Und sie hat »dafür«, als Gegengabe, uns, mit deren Werken sie sich als Künstlerin auseinandergesetzt hat, ihren romanischen Blick auf unsere Gestalten, Phantasien, Träume geschenkt.

Ich habe beschrieben, wie ich vor Jahren Nuria in ihrem Atelier in der Frankfurter Allee besucht habe, dort arbeitet sie nicht mehr, sie ist umgezogen, ihr neues Atelier kenne ich noch nicht, und zu den bedeutenden Veränderungen in ihrem Leben der letzten Jahre gehört es, daß sie sich eine Arbeitsstätte in ihrer Heimat, in einem kleinen Ort in Spanien, geschaffen hat, aus dem, wie ich von Menschen weiß, die sie gesehen haben, nun Bilder in einer neuen starken Farbigkeit in die Berliner Ausstellungen kommen.

Nuria ist neun Jahre jünger als ich, wir haben am gleichen Tag Geburtstag, jedes Jahr kam von ihr eine gezeichnete Blume, auf die ich mich immer schon gefreut habe. Diesmal kamen aus dem katalanischen Ort, in dem sie jetzt Teile des Jahres arbeitend verbringt und dessen Namen ich nicht aussprechen kann, zwei Ansichtskarten, je eine Meeresbucht, blaugrünes Wasser, Felsenufer, darauf geklebt Figuren, die zu der Serie gehören könnten, an der sie vor kurzem gearbeitet hat, teils ruhend gelagert, teils zügig schreitend, und auf einer Karte eine aufgeklebte Sonne, auf der anderen ein aufgeklebter Sichelmond. Ich glaube mich nicht zu irren in dem Eindruck, daß diese Möglichkeit, wieder heimatliche Luft zu atmen, die Muttersprache zu hören, am Alltagsleben ihrer Landsleute teilnehmen zu können, Nuria Quevedos Leben um jene wichtige Facette reicher gemacht hat, die der Emigrantin so lange fehlte, und daß sie eine Quelle neuer Lebensfreude, neuen Mutes, vielleicht Über-Mutes für sie geworden ist.

Sie ist ein zurückhaltender Mensch, es ist nicht ihre Art, von sich zu sprechen. Es gibt nun einen Glücksfall: ein Buch der Berliner Graphikpresse, in dem neben eigens für dieses Buch gestalteten Blättern von Nuria Quevedo Texte gesammelt sind, die sie über die Jahrzehnte hin geschrieben hat. *Bleikugeln in der Hand* heißt es, der Titel ist einem Satz aus einem der Texte entnommen, der 1993 geschrieben wurde. »Vor kurzem klagte ich«, heißt es da, »Worte seien mir unhandlich geworden, und dachte an Bleikugeln in meiner Hand.« Nun zeigen aber gerade diese meist sehr kurzen Aufsätze, Reden, Portraits, daß sie Worte zu handhaben weiß – gerade dieses Wort paßt hier, paßt auf sie. Die sie ja eine ganze Reihe von Blättern unterschiedlicher Technik zu dem Thema *Kopf und Hand* geschaffen hat, Blätter der Selbsterforschung, in denen sie über Denken und Tun, über Handeln und Erkennen nachdenkt und in die das Schreiben als ein Vorgang von Hand und Kopf hineingehört. Zwei dieser Blätter sind auch in dem Buch, von dem ich spreche und das mich sehr beeindruckt hat. Die erste Radierung zeigt den langschädligen, großnasigen Mann – seinen Kopf –, einen Verwandten des Don Quijote, wie er sich grübelnd mit der Hand an die Stirn faßt, und auf den freien Flächen des Blattes ist der Vers von Karl Mickel angeordnet: »Ist es woanders / Anders? / Ist es hier denn / Anders als Anderswo?« Dies mag formulieren, was Nuria Quevedo oft, fragend, empfunden haben mag: »Ich selbst bin ein wenig entwurzelt«, sagt sie in ihrer untertreibenden Manier, »und habe dadurch den Vorteil, mit Empfindlichkeit beobachten zu können.« Ja, sagt sie, zeichnend, malend – das sei ihre eigentliche Sprache –, aber auch schreibend: Ja, es ist woanders anders. Und: Nein. Es ist hier nicht anders als anderswo.

Überall, sagt sie zum Beispiel, bestehe die »Gefahr der geistigen Regression der Menschheit, des Zerfalls der Vernunft, der verhängnisvollen Faszination des Abgrunds«, und sie bekennt sich zu dem Wunsch, »Kunst möge im Dienste menschlicher Vernunft einwirken können«, sie bekennt sich, weitab von postmoderner Beliebigkeit, zu ihrer »Bemühung um Erkenntnis und Mitteilung«. In diesem sehr weit gespannten Rahmen, glaube ich, sieht Nuria auch ihre Mitwirkung an den Fahrten jenes Schiffchens – oder ist es unter der Hand und mit Hilfe gutwilliger Behörden ein großes, sicheres Schiff geworden, mit

Nuria Quevedo, Aus der Mappe *Kassandra*. Radierung. 1983

Tendenz zum Ozeandampfer? –, über dem das Sonnensegel aufgespannt ist, das, so wünsche ich und so wünscht auch sie, da bin ich sicher, allzeit guten Wind haben möge und niemals eingeholt werden soll.

Aber was ist »woanders anders«? Was befremdet die Katalanin – eine Landsmännin, am Rande bemerkt, des Picasso, des Miró, des Dalí –, was befremdet sie in und an Deutschland? Das sagt sie auch, und sie trifft schmerzempfindliche Punkte. Wie es sie, als sie als Vierzehnjährige nach Deutschland kam, 1952 – also eben nicht nach »Deutschland«, sondern in die DDR –, seltsam berührt hat, daß keiner Deutscher sein wollte. Sie schreibt: »Ich dachte, die Vergangenheit lastet zu schwer auf diesen Nachgeborenen, selbst um sich zu ihrer Muttersprache zu bekennen. Eine hilflose Art der Verdrängung. Vielleicht.«

Nun erleben wir es ja bis in unsere Tage, ich denke: besonders in unseren Tagen, daß wir, da unsere Geschichte uns kein sicheres Selbstgefühl hat wachsen lassen, es schwer mit uns und miteinander haben und es dadurch anderen schwer mit uns machen. Nuria Quevedo spricht in diesen Texten, soviel ich weiß, zum ersten Mal öffentlich, auch über ihre Schwierigkeit mit Deutschen; wie Franz Fühmann, den sie verehrt und bewundert, der ihr doch bis zu einem gewissen Grad fremd bleibt in seiner »extremen Persönlichkeit«: »Er litt an Deutschland und er litt an sich selber in einer Art, die wir wohl nicht nachvollziehen können.« An der deutschen Literatur berühre sie tief der »bittere Zug der Selbsterkenntnis«, sagt sie, trotzdem würde sie in *Kein Ort. Nirgends* dem Kleist »ein wenig grollen«.

Ich glaube zu verstehen. Eine »extreme Persönlichkeit« ist er ja auch, dieser Kleist, in seiner Unbedingtheit, auch Verbohrtheit bis zur Selbstzerstörung, in seinem durch kein Lächeln erhellten unerschütterlichen Ernst. An einer Stelle aber, denke ich, könnte sich eine der Figuren dieses Dichters mit der Lieblingsfigur der Nuria Quevedo, geschaffen von einem spanischen Dichter, berühren: Im Traum des Prinzen von Homburg könnte diesem unglücklichen preußischen Offizier ein ebenfalls, aber auf ganz andere Weise unglücklicher Ritter, Don Quijote, zur Seite treten, einen Traum-Augenblick lang könnten sie einander mit leisem Verständnis zulächeln.

Das Leben ein Traum ist ja das Motto der von Nuria Quevedo aus der Figur und aus dem traurigen Geist des Don Quijote geschaffenen Reihe ihrer Kopf-und-Hand-Bilder. Es wäre des Nachdenkens wert, auf welch verschiedene Weise die Völker traurig sind und daß sie, weniger als an ihrer Lustigkeit, daran nichts ändern können, da man sich in einer Trauer nicht verstellen kann. Auch in der Einsamkeit nicht. Der Don Quijote in seinem Geschick und Ungeschick, in seiner Verranntheit und in seiner schmerzlichen Zärtlichkeit ist eine sehr menschliche Figur. Nuria Quevedo zitiert, im Geist des Don Quijote, den spanischen Dichter Unamuno: »Wie denn? Glaubt ihr, daß Don Quijote nicht auferstehen wird? Es gibt Leute, die da meinen, er sei gar nicht gestorben ...« »Immerhin«, sagt Nuria, »ich bin ein bescheidenes Mitglied in der Schar der Freunde des Ritters von der Traurigen Gestalt.«

2000

Angela Hampels Gestalten im Spannungsfeld

Angela Hampel ist mir nahe, obwohl, nein: weil sie so anders ist als ich. Und weil dann plötzlich Berührungspunkte aufblitzen. Wir begegneten uns über dem Kassandra-Thema. Angelas Blätter versetzten mir einen Stoß: Ja, so konnte eine junge heutige Kassandra sein: antiklassisch, herausfordernd, keck, zornig, alles andere als schicksalsergeben. Aber nicht schicksal-los. Ungebärdig sind die meisten Frauenfiguren der Hampel, mir war klar, ungebärdig ist sie selbst, dabei natürlich sensibel, verletzbar, fähig, nachhaltig zu trauern.

Das alles ist im Strich, mit dem sie die Gesichter, die Umrisse der Gestalten aufs Papier wirft, die Kühnheit des Sehens hat mich mitgerissen, die lockenden, verführenden Blicke, die zugleich stolz und abweisend sind. Eine Frau, die ihre, unsere Zeit durchlebt, die sich aussetzt und sich nicht zerstören läßt.

In Angela Hampels Medea-Höhle geht man mit Aladins Wunderlampe, holt mit dem Lichtstrahl ein einzelnes Blatt aus dem Dunkel, eine Gruppe von Blättern. Wieder Frauengesichter, meistens den Blick auf den Betrachter richtend, einen ruhigen, gelassenen Blick, verhalten, den Zuschauer nicht brauchend. Haben sie sich in die Höhle verkrochen? Wollen sie in Ruhe gelassen werden, bei sich selbst sein? Eine weint, unbewegten Gesichts. Eine andere trägt Tierohren. Verschiedene skurrile Kopfbedeckungen sind ihnen aufgesetzt. Verletzungen gibt es, durch Nägel. Man bewegt sich in einer fremden versunkenen Welt, die mit merkwürdigen Signalen an die unsere rührt.

Angela Hampels Phantasie, kühn und ausschweifend, schafft einen Wiedererkennungseffekt: Ach ja, so ist es auch. Das ist in uns. Diese Einsamkeit. Dieses rückhaltlose Begehren, die Aggressivität, dieses Ungenügen, dieses Liebesverlangen, diese Hin-

Angela Hampel, *Komm, Kassandra.* Lithographie. 1984

gabe. Tiere, die ihren Frauenbildern oft beigegeben sind, stehen für die ungestillten Triebe, das ungelebte Leben – eine merkwürdige Trauer liegt über dem Ganzen.

Hier in ihrer Höhle, auch in ihren Kassandra-Blättern, trifft sich die Archaik mit der Moderne, der Blick der Künstlerin durchdringt die Zeitalter. Die archaischen Motive entspringen einer akuten, sehr gegenwärtigen Spannung, aus Schmerz und Lust, auch wohl aus einer tiefen existentiellen Angst: daß wir es nicht schaffen könnten. Daß wir den Sinn, auf dieser Erde menschlich miteinander zu leben, verfehlen könnten. In dieser Angst treffen wir uns. Ich verstehe ihre Radikalität. Ihre aufgerissenen Augen. Die Unbedingtheit ihrer Selbstbefragung. Die Beharrlichkeit ihrer unerfüllbaren Wünsche, »eine gute Künstlerin und eine glückliche Frau sein zu können«.

Spreche ich von der Malerin? Von der Frau? Das kann ich nicht trennen. Angela Hampel weiß um die Gefahr der Vergeblichkeit, sie strengt sich an, ihr zu widerstehen. Was sie zeichnet, malt, wirkt niemals angestrengt, sondern eigenwillig, ungestüm, energiegeladen. Sie lebt, manchmal auch physisch, auf der Kante. Sie stürzt nicht ab. Sie macht keine Zugeständnisse. Sie bewahrt sich ihre politische Wachheit, ihren unbestechlichen Blick. Vor allem bewahrt, nein mehrt sie ihre Substanz. Sie geht einfach weiter, unangefochten, so scheint es.

Das ist ermutigend.

2000

Entwürfe in Farbe – Radierungen der Helga Schröder

»Farbradierungen« heißt es. Die Blätter betrachtend, sehe ich zuerst die Farben. Das Schrödersche Blau, das ich suche, seit sie, Helga Schröder, durch dieses Blau mit einigen meiner Texte einen Dialog aufgenommen und damit ihre *Kassandra* und das Buch *Was nicht in den Tagebüchern steht* für mich an diese Farbe gekoppelt hat. In der Reihe der großformatigen *Kassandra*-Radierungen wird das Blau gebrochen durch ein lichtes Ocker, das sich zu einem rötlich unterlegten Umbra-Braun verdichtet, als die dringliche Frage: »Wann beginnt der Vorkrieg?«, die mein Text stellt, zu Papier gebracht wird. Sonst überwiegt ein intensives Gelb, ein hervorstechendes Apfelgrün: »Briefe« – an welchen Adressaten gerichtet? Wer »liest« diese Botschaften, deren Schrift zunehmend unleserlich gemacht ist?

Mich verleiten diese »Briefe«, wenn sie erkennbar an mich gerichtet sind, zu Übungen in assoziativer Bildbetrachtung, tastend den Weg zurückverfolgend, den die Schreiberin, die Zeichnerin selbst genommen hat: eine Botschaft ausdrückend, die dem Betrachter die Freiheit der Vieldeutigkeit läßt. Über das Bild-Angebot kann dieser Betrachter *seinen* Weg zu dem Ursprung, zur Schrift, finden. Zu den Zeichen, die etwas bedeuten. Die für diese Künstlerin zwingend sind. Die in dieser Künstlerin etwas bewegt, einen Prozeß der Gestaltung angeregt haben, dessen Ergebnis nicht voraussehbar und doch nicht zufällig, beliebig ist, aber auch nicht eindeutig, sondern oft rätselhaft. Eine Handschrift bildet sich heraus, die das Werk der Helga Schröder prägt.

Nicht das einzelne Blatt, sondern der Zusammenhang der Blätter verschiedener Formate und verschiedener Genres bezeugt das künstlerische Gesetz, dem sie entspringen. Wer diese Blätter gesehen hat, wird die Bücher der Helga Schröder jederzeit und überall erkennen – an ihrer Mach-Art, an der Farbgebung, an ihrem Stil, der Mischtechnik, aber auch an ihren Themen, an den Gedichtzeilen, Sätzen, denen sie nachgegangen ist über die Jahrzehnte hin, in denen sie unermüdlich gearbeitet und nun ihr achtundachtzigstes Buch fertiggestellt hat – jedes einzelne ein Unikat, das einen Text deutet, ohne ihn je zu illustrieren.

Ich lernte Helga Schröder in den achtziger Jahren mit der Kassandra-Mappe kennen, die mich zwang und es mir möglich machte, mich mit diesem anderen künstlerischen Beitrag zu einem, wie ich dachte, »eigentlich« literarischen Thema auseinanderzusetzen, mich auf die andere Sensibilität einzulassen, die mit Zeichen, Strichen und Farben ein Zentrum umkreist, in dem für mich das Wort stand: diese andere Zeichen-Setzung als Ergänzung zu sehen, als Zu-Satz zum Wort. Schrift-Räume, Schrift-Tafeln geben schon in der Titelnennung den Impuls zu erkennen, dem sie sich verdanken. Ich möchte glauben, daß sie in »Traumpfade« münden.

Ich muß ihre Buchproduktion an die Seite ihrer Farbradierungen stellen. Daß es dieser Künstlerin um Wesentliches geht, bezeugen die Texte, die sie auswählt, und die Namen der Dichter, denen sie sich nähert, die sie zitiert. Ingeborg Bachmann, Erich Fried, Paul Celan, Nazim Hikmet, Gustave Flaubert, Elias Canetti, Heinrich Heine. Das ägyptische Totenbuch. Deren Zeilen sie nachschreibt, die sie überschreibt, die sie sich so aneignet – auch, indem sie die Länder und Landschaften bereist, aus denen heraus besonders die alten Texte gewachsen sind. Oder indem sie die Berührung mit Autoren zeitgenössischer Schriften sucht und damit eine Zuneigung, aber auch eine Spannung herstellt, der sie sich und den Betrachter aussetzt und die sich zuerst vielleicht als Überraschung äußert.

So ging es mir: Ich war überrascht, als ich das erste Blatt, das mich betraf, einen »Brief«, sah. Mit seiner blaß in den Hintergrund gedrängten Spiegelschrift, die zum großen Teil überdeckt ist, konnte ich ihn nicht auf die übliche, gewohnte Weise

Helga Schröder, *Medea*. Buchobjekt. 1997

»lesen«. Und doch enthielt er eine Botschaft, eine Anrede, die nicht formuliert sein wollte, der sich die Wörter entzogen. So ging es dann mit jeder neuen Annäherung, die Helga Schröder an eine meiner Arbeiten unternahm – als Graphik-Buch *Medea*, als Radierungen, als Objekte, wie ihre archaisch wirkenden Schriftrollen zum Kassandra-Komplex. Es gibt jedes Mal ein Wieder-Erkennen, ein Verstehen, eine allmähliche Aneignung. Keine Auflösung, ein Rätsel bleibt. Etwas Verborgenes, nicht ganz Ausgeleuchtetes in diesem hellen Licht. Ich kann, ich muß mich immer wieder neu hineinsehen in die Zeichensprache der Helga Schröder und spüre jedes Mal die Spannung zwischen Vertrautheit und Fremdheit. Diese Spannung, die nicht willkürlich »gemacht« werden kann, vermittelt den Eindruck von intensiver Wahrhaftigkeit. Und wenn ich ein Motto nennen sollte, das von früh an hinter all diesen Arbeiten aufscheint, so ist es dies: »Du siehst, ich lebe.«

2007

Köpfe – Ein Gespräch mit Martin Hoffmann

Für unser Gespräch hat Martin Hoffmann eine Auswahl von Collagen mit den Kopfmotiven um uns herum aufgestellt. Befragt, warum es vorher keine Figuren bei ihm gab, höchstens als Schatten, auch keine Portraits, sagt er, er habe damals Situationen darstellen wollen, welche die Frage provozierten: Wo leben wir denn eigentlich. Das habe viel mit der DDR zu tun gehabt. Er habe nach jeder Ausstellung auf einem Gespräch mit dem Publikum bestanden, in dem weniger der Kunstaspekt seiner Arbeiten, sondern eben diese Frage bewußt heraufbeschworen wurde. Dies habe sich jetzt geändert. Die Räume, die er mit seinen Sepias gestaltet und geöffnet habe, könne man als Bühnen sehen für den möglichen Auftritt von Figuren, die noch abwesend seien.

Die Technik, welche die Köpfe hervorbringt, hat Martin Hoffmann zuerst bei einem Janus-Kopf angewendet, entworfen für den Verlag Gerhard Wolf Janus press, dann bei einer Medea-Figur, zu der ihn mein Text *Medea. Stimmen* angeregt hatte und die mir sofort entgegenkam. Im Winter 1999 habe er sich dieser Machart erinnert, sagt er, und angefangen, an den Köpfen zu arbeiten. Die Technik schildert er so:

Er nehme sehr durchscheinendes Pergamin-Papier und als Untergrund dunklen Karton. Er wisse, daß er einen Kopf machen wolle; vielleicht setze er an den Rand ein paar Orientierungspunkte. Dann reiße er ein Stück von dem Papier, klebe es auf. Vielleicht werde dort einmal der Hals sein – der übrigens enorm wichtig sei – oder die Stirn. Jedenfalls entstehe mit diesem ersten Stück eine Bewegung auf dem dunklen Grund. Darauf antworte er, damit trete er in ein Gespräch, möchte ein Gegenüber kenntlich werden lassen mit einem zweiten, mit einem dritten gerissenen Stück Papier und vielen folgenden – die klebe er sozusagen mit kühlem Kunstverstand. Es gebe keine Vorzeichnung. Später gelte es, die gewordene Form nicht festzulegen, den Prozeß der Annäherung nicht zu beenden. Solche Blätter, bei denen etwas wie ein Gesicht erscheine, das ihm flach vorkomme, wanderten ab in die Schublade. Nie versucht er, irgendeine Portraitähnlichkeit herzustellen.

Ich will formulieren, was für einen Eindruck die Köpfe auf mich machten, als ich sie zum ersten Mal sah: Überraschung, Erstaunen, fast Erschrecken. Als ob sie sich von ihrem Hintergrund lösten und sich auf mich zu bewegten. Mit einem Kopf, den du mir geschenkt hast, der ein etwas kleineres Format hatte, sage ich, ist mir folgendes passiert: Er hing in meinem Arbeits- und Schlafzimmer in Mecklenburg und starrte mich die ganze Zeit auf bohrende Weise an. Ich mußte ihn weghängen, in eine andere Ecke, von wo aus sein Blick mich nicht traf.

Solche Wirkungen habe er nicht vorausgesehen, sagt Martin Hoffmann, und nicht gewollt, allerdings erfahre er nach Ausstellungen von manchen Betrachtern ähnliche Reaktionen. Es gebe auch Abwehrhaltungen.

Wahrscheinlich, sage ich, fühlt mancher sich belästigt, vielleicht sogar angegriffen durch den Absolutheitsanspruch, den diese Köpfe anscheinend ausstrahlen. Daß sie den Kompromiß verweigern. Dies war es wohl – unter anderem –, was mir, als ich zuerst mit ihnen konfrontiert wurde, das starke Gefühl von »zeitgenössisch« aufdrängte.

Wie kam dieser Eindruck zustande? Diese Mitlebenden wissen Bescheid, sie sind allen Einflüssen und Erfahrungen des Jahrhunderts ausgesetzt. Geben nicht auf. Eine gewisse Tapferkeit ist ihnen mitgegeben.

Frühere Bemühungen, sagt Martin Hoffmann, Köpfe zu zeichnen oder zu malen, seien »flach« geblieben. Erst die Technik der Collage habe es ihm ermöglicht, das, was einer nach dem 20. Jahrhundert von den Verletzungen und Mißachtungen des »Menschen« auf der einen Seite und seinen Möglichkeiten andererseits wissen kann, in einer bildnerischen Darstellung ahnbar zu machen – das jedenfalls zu versuchen. Möge es anmaßend klingen, aber Auschwitz, der Gulag sollten mitschwingen, wenn er eine heutige Person abbilde. Das geschehe nicht bewußt, seine Hände, die das Papier reißen und kleben, folgten unbewußt den Strömen seines Gehirns, die all diese Erfahrungen des vorigen und nun auch schon die dieses neuen Jahrhunderts aufgenommen hätten mit der Zersplitterung der persönlichen Identitäten.

Er könne nicht mehr an die ganze Person glauben. Er nennt Fotos bekannter Fotografen: Da seien die Menschen, auch wenn sie in schwierige Situationen geworfen würden, auf bestimmte Weise »ganz«. Sie stünden anders da, als er sie empfinde, nämlich mit zerfledderten Biographien, mit Anforderungen an einen bestimmten Lebensstil, umstellt von Gelegenheiten, die sie nicht verpassen dürften und wollten. Der Prozeß des Machens dieser Collagen sei doch fast gleichnishaft: Das Reißen des Papiers assoziiere das »Nicht-Ganze« einer Person, das Durchscheinen der Papierschnitzel bringe die herbeigesehnte Vielschichtigkeit und »Tiefe« ins Bild, und das Kleben sei ein Zusammenfügen und Verweben.

Ich werfe ein, für mich hätten die Köpfe etwas Autobiographisches.

Mag sein, sagt Martin Hoffmann. Er könne sich ja auch nicht als Ganzheit sehen. Etwas Zerrissenes in sich selbst habe ihn gereizt, angestachelt zu diesem Projekt.

Ich sage, nicht immer seien die Köpfe eindeutig einem Geschlecht zuzuordnen. Wahrscheinlich würden verschiedene Betrachter einzelne Köpfe unterschiedlich als »männlich« oder »weiblich« sehen.

Das möge so sein, sagt Martin Hoffmann. Für ihn spiele das Geschlecht der Figuren keine Rolle, er wisse auch am Anfang nicht, ob am Ende ein »Mann« oder eine »Frau« uns anblicken werde.

Ich sage, ich sei besonders angesprochen worden (»angesprochen« sei das richtige Wort) durch einen Kopf, der, während wir

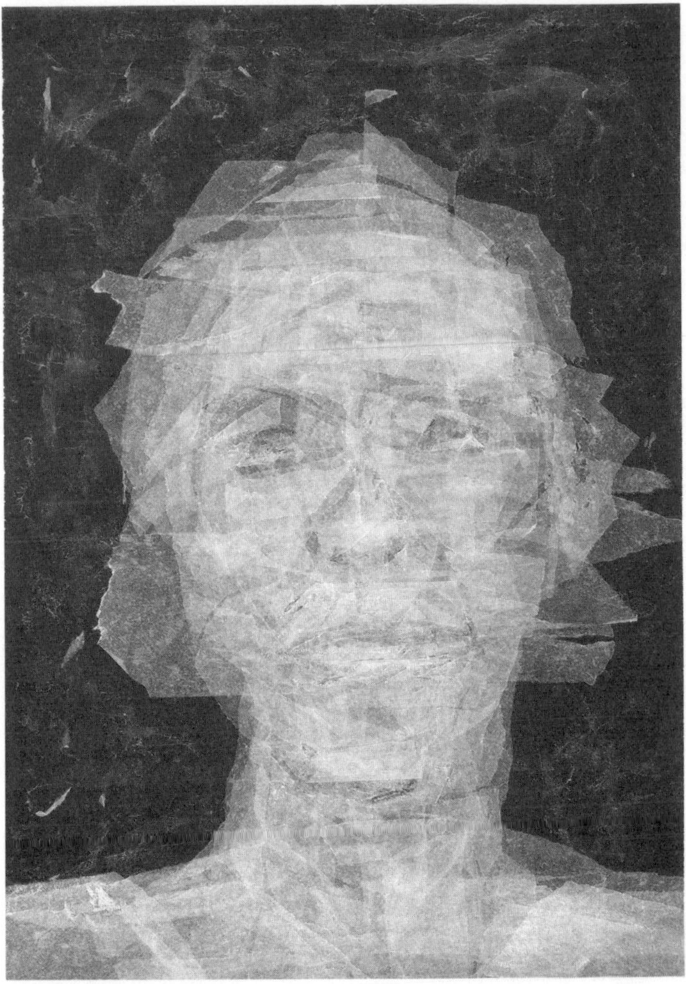

Martin Hoffmann, *Kopf Frühjahr 2006*. Collage. 2006

miteinander reden, vor uns steht, den ich »Virginia« genannt habe, ohne etwa eine Portraitähnlichkeit mit Virginia Woolf damit ausdrücken zu wollen. Diese Person habe etwas Zartes, sehr Differenziertes, sehr Bescheid-Wissendes. Sie blicke einen übrigens nicht an wie die meisten anderen, sie blicke vor sich hin, sage ich, das empfände ich als rücksichtsvoll: als habe sie die Schrecken gebändigt, die sie wohl hinter sich hat und von denen ihr ein schmerzvoller Ausdruck geblieben ist. Während ich das zu formulieren suche, empfinde ich stark, daß eine jede Beschreibung dem Bild etwas schuldig bleiben muß, aber das ist ja ein altes Problem der Bildbeschreibung. Wie auch jede Illustration dem Text etwas schuldig bleibt. Die Künste ersetzen einander nicht, sie ergänzen sich im besten Fall. Jedenfalls: Es bleibt mir ein Rätsel, sage ich, wie du mit diesem Material einen Zeittunnel herstellen, das Gefühl der Tiefe erzeugen kannst.

Das könne man sich nicht vornehmen, sagt Martin Hoffmann. Das passiere einem. Übrigens baue er die Köpfe ja von der Tiefe her auf, von innen nach außen, nicht umgekehrt.

Nun gut, sage ich. Ein Kunstwerk ohne Geheimnis ist ja kein Kunstwerk. Aber auf eines müsse ich noch zu sprechen kommen: Mir gefalle es außerordentlich, daß er die Personen auf diesen Blättern »Gäste« nenne, »die auf den Collagen zu mir kommen«. Was ja heiße, daß er sie mit Respekt behandle und nicht etwa vereinnahme. Das bringe sie mir nahe, sage ich. Behutsam herbeigerufen, erscheinen sie freundlicherweise auf dem Papier und könnten auch wieder gehen. Das ist nichts Mystisches. Wir alle sind ja umgeben von Strömen von Energie, von Energiefeldern, wir selbst sind materialisierte Energie, der Künstler ist das Medium, er spannt ein Energienetz auf und fängt, wenn er die entsprechende Wellenlänge trifft, eben jene »Gäste« auf. Sie gehen ihm ins Netz, ohne daß er ihnen Gewalt antut. Ich will dir gestehen, sage ich, daß die Seltsamkeit, auch Fremdheit dieser Köpfe mich manchmal an Außerirdische denken läßt.

Für mich, sagt Martin Hoffmann, sind das keine Extraterrestrischen. Er sehe den Prozeß des Machens anders, sachlicher, nüchterner. Durchaus sei er auch mit Kunstroutine verbunden, mit Kunstverstand, erfordere andauernd einen künstlerischen Entschluß, sei also professionell.

Ich bin davon überzeugt, sage ich, sonst wäre es laienhaft und das Ergebnis wahrscheinlich unerträglich. Trotzdem behalten die Blätter eine Spontaneität.

Etwas sei ihm noch wichtig, sagt Martin Hoffmann: Er wolle bei der Gestaltung der Augen jedwede Melancholie vermeiden. Die würde sich ganz leicht einschleichen, wenn er nicht sehr darauf achte, daß dies nicht passiert.

Ich verstehe sofort, was er meint. Melancholie könnte ein Zugeständnis an eine gängige Mode sein. Diese Köpfe haben keinen Hauch von Beliebigkeit, die Versuchung, sich dem anpasserischen Zeitgeist zu ergeben, hat sie nicht gestreift. Eben deshalb, eben dadurch sind sie authentisch.

2008

Zwiegespräch mit Bildern von Ruth Tesmar

Liebe Ruth Tesmar,

Sie haben mir einmal – 1999 – auf eines Ihrer Blätter ein Novalis-Zitat geschrieben: »Alles Sichtbare haftet am Unsichtbaren, das Hörbare am Unhörbaren, das Fühlbare am Unfühlbaren. Vielleicht das Denkbare am Undenkbaren.«

Ich glaube, diese Sätze drücken Ihre Ästhetik aus. Mit Ihren zauberhaften Blättern bewegen Sie sich am Rande dessen, was man gemeinhin »Realität« nennt, und ebenso am Rande des Nichtrealen, in jenem wunderbaren Zwischenreich, das uns neue innere Räume erschließt, die sprachlich nicht zu fassen sind, auch wenn sie von der Sprache der Dichter ausgehen. Der Betrachter muß sich seinen Assoziationen überlassen, den Zeichen folgen, mit denen Sie ihn hinführen in eine Beziehungswelt, zu Ihrer Begegnung mit der von Ihnen geliebten Poesie, zu von Ihnen verehrten Gestalten.

Einmal – das war 2004 – ging ich durch Räume einer Ausstellung, die Sie »Zwiegespräch« nannten und mir gewidmet hatten. Die Namen großer Dichter leuchteten auf. Zu Ihrer Aneignung der Dichter gibt es keinen Vergleich, scheinbar leichthändig überwinden Sie die Schranken der Gattungen, zart und behutsam umspielen Sie mit Ihren eigen-artigen Farben, nehmen unsere Sinne gefangen.

Ihre Blätter zu *Medea* eröffnen mir einen anderen Blick auf die Figur, ziehen mich in einen Dialog mit Ihnen. Vor mir liegt Ihr Blatt – richtiger: Ihr Karton – mit dem *Buchengel*, den Sie mir zu meinem achtzigsten Geburtstag schenkten. Auf feinziseliertem, mit Farbe übermaltem Untergrund ragt aus einem gefalteten Manuskript eine spitze Feder. Mit einem Engel hatte ich es ja auch in meinem letzten Buch zu tun. – Es ist wohl so, daß wir Beistand aus dem Zwischenreich brauchen, wenn wir an unsere merkwürdige Arbeit gehen.

Ihre

Christa Wolf

2010

Ruth Tesmar, *Für Christa Wolf*. Collage. 2009

Günther Ueckers Bilder aus Asche

»Welche Gründe waren es, die den Menschen bewahrten in seiner Lebens- und Zerstörungsgeschichte? So wie viele meiner Aschebilder nach dem Reaktorunfall in Tschernobyl entstanden. Als ich alphabetisch nicht mehr mitteilen konnte, was mich da berührte, ich auswich und dachte, wenn ich ganz einfach versuche, das mit Bildern auszudrücken, gelingt es mir. Der ganze Zyklus der Aschemenschen ist eigentlich aus der Verzweiflung des gefährdeten Seins entstanden.«

Ein Mensch, der Künstler selbst, Günther Uecker, wirft sich in ein Aschefeld, hinterläßt, wenn er aufsteht, einen Negativabdruck, eine »Leerstelle«, deren Umriß durch Asche erzeugt wird: »Das bin dann auch ich.« Sich rückhaltlos bloßstellen, anders kann ein Mann wie Uecker der Gewalt dieser Frage: Bleibt der Planet bewohnbar für uns Menschen?, nicht begegnen. Durch Handeln Authentizität erzeugen. Seine Aschebilder rufen Assoziationen zu den unheimlichen Schatten hervor, die die Bombe von Hiroshima aus Menschen von Fleisch und Blut machte.

»Asche ist aus einer materiellen Umwandlung durch das Feuer entstanden« – das ungebändigte »Feuer« eines Atomreaktors, ein Unfall, der wie weniges sonst den aufs äußerste gefährdeten Zustand unserer Zivilisation signalisierte. Günther Uecker hat sich lange schon mit den »tiefen Fragen« unserer Existenz auseinandergesetzt, erregt, erschüttert, obsessionell. Diese Arbeit – oft schweres körperliches Hand-Werk, wie das Einschlagen Hunderter von Nägeln – ist ihm lebensnotwendig, in der direkten Bedeutung dieses Wortes. Es ist seine Art, Stellung zu nehmen.

Er ist besessen von der Frage nach dem Ursprung unseres Zerstörungstriebs. Einmal hat er doch zu einer »alphabetischen« Mitteilung gegriffen, indem er eine fast lückenlose Rei-

Günther Uecker, *Aschemensch Antwerpen*. Asche und Leim, Graphit auf Leinwand. 1987

hung der zerstörerischen Verben aufstellte, die sich auf den »geschundenen Menschen« beziehen und ihn bedrohen. »Einäschern« ist, soviel ich sehe, nicht darunter. Auch »verstrahlen« nicht – neu erfunden, uns umzubringen.

Erde zu Erde, Asche zu Asche, Staub zu Staub. Asche ist in unserer Kultur eine Metapher für Vergänglichkeit. Auch für Reue: Asche aufs Haupt streuen. Der Geschmack von Asche auf der Zunge erinnert an Tod, erzeugt Trauer, Melancholie. Nicht, jedenfalls nicht bei Günther Uecker, Resignation, Selbstaufgabe. Paradoxerweise, so scheint es, stellt er mit seinem Aschezyklus die Frage: »Kann Fruchtbarkeit auf Asche gründen?« Darauf antwortet er mit seinem Werk, das den Widerspruch, in dem er lebt, ausdrückt und den Künstler befähigt, ihn auszuhalten.

»Phoenix aus der Asche«, ein gängiges Bild: der Vogel Phoenix, der nur alle fünfhundert Jahre erscheint, der sich aus wohlriechenden Hölzern ein Nest baut und sich selbst verbrennt, dann aber, weil er seinem Nest Zeugungskraft verlieh, aus der Asche wieder aufersteht. Ein alter abendländischer Mythos, ein Symbol für Ewigkeit. Können wir hoffen, daß die Asche aus unserer Selbstverbrennung Zeugungskraft behält? Fünfhundert Jahre können wir nicht warten. Die Diskussion um meinen Text *Störfall*, der demselben Anlaß geschuldet ist wie Günther Ueckers Aschebilder, ist auf bedrückende Weise immer noch aktuell: Wir lassen Zeit verstreichen, die wir für tiefgreifende Änderungen unserer Lebensweise nutzen müßten. Ich bin froh, daß zwei Zeugnisse für den Schock, den Tschernobyl damals auslöste – ein »alphabetisches« und ein bildnerisches –, in diesem Buch zusammenstehen und zum Dialog auffordern.

2010

5.

MICHAEL MORGNER
Deutsches
Requiem

»Wir haben die Mephisto-Frage nicht einmal gestellt«

Gespräch mit Arno Widmann

Berliner Zeitung: Frau Wolf, ist die Mephisto-Frage inzwischen geklärt?

Christa Wolf: Wie bitte?

BZ: Sie erinnern sich an den Wortwechsel zwischen Walter Ulbricht und Anna Seghers?

Wolf: O ja. Ulbricht hatte nach einem »sozialistischen Egmont«, einem »sozialistischen Faust« verlangt. Anna Seghers hatte ihm geantwortet: »Egmont, das mag ja angehen, aber Faust, was machen wir mit Mephisto?« Ulbricht zögerte einen Moment lang und antwortete dann: »Die Frage Mephisto, Genossin Anna, werden wir auch noch lösen.«

BZ: Wurde sie gelöst?

Wolf: Wir haben sie nicht einmal gestellt. Keine moderne Gesellschaft stellt sich diese Frage. Dazu müßte sie sich selbst in Frage stellen. In früheren christlichen Gesellschaften war der Teufel allgegenwärtig. Seit wir keinen Gott mehr brauchen, haben wir auch den Teufel zum Teufel geschickt. Wir projizieren, ob wir das wissen oder nicht, eigene, innere Strebungen, die uns unheimlich sind, nach außen. Wir wollen »das Böse« nicht wahrhaben, nicht bei uns. Mich verblüfft immer das große öffentliche Erstaunen, wenn ein Schüler ein Massaker veranstaltet oder ein Mann des Kannibalismus überführt wird. Dann erscheint das Böse plötzlich als große Überraschung in unserer Mitte. Das Böse ist doch immer das Andere. Da, wo es uns spektakulär gegenübertritt, da sehen wir es plötzlich, versuchen aber, es durch Abscheu von uns fernzuhalten. In der Politik wird etwas gerne dann zum Bösen erklärt, wenn es droht, uns mit eigenen, inneren Widersprüchen zu konfrontieren. Ronald Reagans Erklärungen vom »Reich des Bösen« waren auch eine Antwort auf die Konvergenztheorien der siebziger Jahre, eine Reaktion auf Jahre der friedlichen Koexistenz, auf die Gefahr, dringend benötigte Feindbilder zu verlieren.

BZ: Vor ein paar Wochen ist das Böse gefaßt worden ...

Wolf: Der Böse.

BZ: Hatten Sie jemals das Gefühl, Saddam Hussein sei das personifizierte Böse, ein Wiedergänger Hitlers, wie Hans Magnus Enzensberger beim ersten Golfkrieg schrieb?

Wolf: Meine Erfahrung sagt mir, daß die Dämonisierung von Menschen oder Staaten eher verhindert, menschenfeindliche Systeme wirksam zu bekämpfen, auch, weil sie den Anteil der eigenen Seite an dem Unheil in dieser Welt zudeckt. Es hat keinen Sinn, das Böse immer nur bei den anderen anzusiedeln. Dieser klägliche Mensch, der jetzt in einem Erdloch gefaßt wurde, soll das die Inkarnation des Bösen sein?

BZ: Nach dem Sieg des Guten.

Wolf: Nach dem Sieg des Guten wird aus dem Bösen die Luft rausgelassen. Als ich die Bilder von der Gefangennahme Saddam Husseins im Fernsehen sah, war ich zunächst überrascht. Ich hatte nicht damit gerechnet, daß er sich so einfach würde gefangennehmen lassen. Das war mein erster Gedanke. Dann überlegte ich, ob es recht war, ihn so gedemütigt zu zeigen. Natürlich habe ich verstanden, daß man zeigen wollte, zeigen mußte, daß man ihn wirklich gefangen hatte, und es war wichtig, auch die Umstände zu zeigen, wie man seiner habhaft geworden war. Aber dann war es auch genug, fand ich und habe den Fernseher abgeschaltet.

BZ: Sie sagen: Wir wollen das Böse nicht wahrhaben. Haben Sie es bei sich wahrgenommen?

Wolf: Jedenfalls habe ich mich nie für eine Inkarnation »des Guten« gehalten, dazu waren und sind meine Selbstzweifel zu stark. *Ein Tag im Jahr* macht das wohl sehr deutlich. Ich begriff ziemlich früh, daß bestimmte Grundeigenschaften nicht von Natur aus »gut« oder »böse« sind. Nehmen Sie meine Bindungsfähigkeit, meine Bindungsbereitschaft, ja meine Bindungsfreudigkeit. Ich bin froh, daß ich sie habe. Sie ist eine Grundlage meines Lebens und meines Schreibens. Aber sie hat mich auch manchmal fehlgeleitet, und zur Bindungsfreudigkeit gehört, daß es lange dauert, vieler Erfahrungen – auch Leseerfahrungen – bedarf, um mich wieder von unproduktiven Menschen und Ideen zu lösen.

BZ: Wieso ist Ihre Bindungsfreudigkeit die Grundlage Ihres Schreibens?

Wolf: Jeder Schriftsteller, jeder Künstler, jeder Mensch ist anders. Wir alle nehmen uns ernst. Wir sind uns wichtig. Unsere eigenen Erfahrungen sind das Material, aus dem wir schöpfen. Aber es gibt auch eine Ich-Fixiertheit, die unfähig macht, andere in dieses Ich mit aufzunehmen. Man trifft bei Künstlern nicht selten einen ausgeprägten Narzißmus. Es ist kein Urteil dabei, wenn ich das sage. Bei mir ist es eben so, daß das Schreiben in mein Alltagsleben integriert ist. Davon handelt ja *Ein Tag im Jahr* über weite Strecken. Ohne die Bindungen an meinen Mann, die Familie, an das Umfeld im engeren und weiteren Sinne könnte ich nicht schreiben. Sie fordern viel Zeit und produzieren auch eine Menge Konflikte. Aber ohne diese Reibeflächen würde bei mir nichts entstehen. Alle meine Bücher sind aus Konflikten entstanden. Das setzt voraus, daß überhaupt die Möglichkeit zu Konflikten da ist. Daß man einander nicht gleichgültig ist. Das brauche ich, zum Leben und also auch zum Schreiben. Simone de Beauvoirs Satz »Eine Frau, die schreibt, soll keine Kinder haben«, habe ich niemals unterschrieben, könnte ich niemals gutheißen.

BZ: Ihre Bücher haben für viele Ihrer Leserinnen und Leser auch eine therapeutische Funktion. Es ist Ihre Begabung zur Visualisierung. Die Intensität, mit der Sie den Schmerz und den Schrecken der Todesnähe zum Beispiel in *Leibhaftig* schildern, erlaubt dem Leser, erlaubt mir, mich dieser Gefahrenzone probeweise zu nähern. Ich kann gewissermaßen Antikörper bilden.

Wolf: Leser sagen mir oft, daß dieses oder jenes meiner Bücher ihnen in einer Lebenskrise geholfen habe. Mir geht es mit Büchern anderer Autoren auch so. Jeder, der liest, versteht das, weil er ähnliche Erfahrungen gemacht hat.

Beim Schreiben suche ich aber nicht zuerst nach dem Bild, sondern nach einem Ton. Bei *Kassandra* zum Beispiel habe ich verschiedene Versuche gemacht, bis ich endlich den richtigen Ton gefunden hatte. Es hatte lange gedauert, bis ich begriff, daß ich von der dritten auf die erste Person gehen mußte. Da »kam« dann auch der Ton, in dem die Protagonistin sprechen mußte. Und dann, sehr wichtig, kommt ein Bild: Kassandra steht vor dem Tor in Mykenä. Dieses Tor bekam – ich wußte das nicht von Anfang an – eine übergroße, symbolische Bedeutung. Es ist eigentlich das Höllentor, der Eintritt in die andere Welt, in die Gegenwelt. Ohne daß ich es benenne, spielt es auch in *Leibhaftig* eine wichtige Rolle. In Krisensituationen gehen wir durch ein Tor, durch eine Wand, durch was auch immer, verlassen für eine kurze Zeit, manchmal nur für einen Augenblick, unsere Welt, das, was uns bewußt ist – weil wir mehr auch gar nicht wissen wollen –, und kommen in eine andere Welt, die wir dann auch wieder ganz schnell vergessen.

BZ: Sie versuchen immer wieder, diese Schwelle zu überschreiten und zu protokollieren, was da drüben passiert.

Wolf: Ich kann den Zutritt in die Gegenwelt nicht herbeiwünschen. Ich will es auch gar nicht. Er ist Resultat schwerer Krankheiten, schwerer Konflikte, die ich ganz sicher nicht herbeisehne. Aber wenn es denn passiert, dann sind das die Augenblicke, in denen ich am intensivsten das Gefühl habe zu leben. In der Zeit kann ich nicht schreiben. Aber sofort danach. Ich muß den Moment abpassen, da ich so weit aus der Krise bin, um wieder schreiben zu können, und ihr doch noch so nahe, um sie noch in den Knochen zu haben. Bei *Leibhaftig* zum Beispiel habe ich mir schon während der Krankheit Notizen gemacht. Die medizintechnischen Details der Entwicklung der Krankheit, der Behandlung hätte ich sonst vergessen. Eine Erzählung konnte ich aus diesen Notizen und aus meiner Erinnerung erst sehr viel später machen. Als ich die Krankheit durchlebte, spürte ich, daß ich in einem Zustand war, den ich – sollte ich überhaupt überleben – niemals wieder erleben würde. Das Einmalige, das Unwiederholbare meiner Situation war mir bewußt. Es war eine Situation, die hoch gefährlich war, aber mir auch etwas Neues offenbarte. Man kann sich so etwas nicht wünschen, aber wenn es geschieht und man kommt wieder heraus, kann sich Kreativität daraus entwickeln.

BZ: Das nennt man Glück.

Wolf: Ja, ja. Dann hat man Glück gehabt. Wenn man das durchgestanden hat. Es muß aber so sein, daß man, solange man mittendrin ist, wirklich mit dem Tode rechnen muß. Es darf kein Sicherheitsnetz mehr da sein, nichts, worauf man sich verlassen kann. Sonst durchschreitet man das Tor nicht. Man muß ganz ausgeliefert sein.

BZ: Sie haben eben ein Lächeln zurückgehalten.

Wolf: Ja. Das klingt so pathetisch. Ich sage so etwas nicht so gerne. Aber aus solcher Grenzerfahrung speist sich doch Literatur. Wir alle werden überschwemmt von Gegenständen, von Dingen. Die Tendenz, uns zu verdinglichen, wird immer stärker, jetzt auch durch die sogenannte virtuelle Wirklichkeit. Dagegen geht Literatur an. Sie bietet Identifikation an mit einer Person, in ihren persönlichsten, oft auch schutzlosesten Momenten. Das kann man nicht steuern. Man könnte es vielleicht zurückhalten. Aber warum? Wenn man schreibt, ist es doch genau das, wonach man sich als Autor sehnt. Wenn man sich diesen Punkten nähert – das sind die Glücksmomente. Die Leser merken das. Es gibt ein Bedürfnis danach. Die Zahl der Menschen, die das brauchen, wird auch nicht geringer.

BZ: Andere Autoren entwerfen mit großem Erfolg das Programm einer Literatur ohne Schmerz, ohne Leid, Leben und Literatur als Party. Der berühmte neue deutsche Literaturstreit war eine politische Diskussion, aber es ging auch darum, Ihre literarische Position, Ihren Anspruch, zu unterminieren.

Wolf: Der Angriff auf einige DDR-Autoren war damals, während der »Wende«, auch ein Angriff auf die DDR ganz allgemein. Mir wurde das erst später klar. Es prallten damals nicht nur zwei politische Systeme, sondern auch zwei Welthaltungen aufeinander. Jeder will Schmerz und Leid vermeiden. Auch die DDR-Bürger waren nicht etwa schmerzsüchtig. Aber sie waren in einer Erfahrung geschult, mit Situationen konfrontiert, in denen sie sich bewähren mußten, in denen man zeigen mußte, wer man war. Man konnte versagen. Man konnte scheitern. Die Westdeutschen, jedenfalls die jener Altersgruppe, die damals dominant wurde, hatten diese Erfahrung nicht gemacht. Auch wenn sie vorher kritisch gewesen waren, hatten sie jetzt den Eindruck, daß ihr Leben, so wie es verlaufen war, gut und richtig war. Dieses Gefühl wurde von den DDR-Bürgern in Frage gestellt – beiden Seiten ganz unbewußt –, und das rief Aggressionen hervor.

BZ: War die Mephisto-Frage nicht schon deshalb unklärbar, weil Ulbricht der Mephisto war?

Wolf: Ach nein. Dazu war er zu banal. Dem Mephisto billige ich doch ein bißchen mehr Tiefe zu.

BZ: Hannah Arendt hatte keine Probleme mit der »Banalität des Bösen«.

Wolf: Darüber müßte man lange sprechen, aber ich glaube nicht, daß Walter Ulbricht die Verkörperung »des Bösen«, nicht einmal der Banalität des Bösen war. Da müßte schon ein anderes Kaliber kommen. Es war doch vor allem diese Trivialität der Ansprüche, die an uns herangetragen wurden, die uns opponieren ließen. Aber gerade aus dieser Reibung heraus ist eine ganz interessante Literatur in der DDR entstanden. Die Autoren mußten sich behaupten. Dazu mußte man auch von sich selber eine ganze Menge wissen. Man konnte sich nicht einfach drücken, vor den anderen nicht und nicht vor sich selbst. Es war anstrengend.

Die Generation der heute Dreißigjährigen ist im Laufe der letzten zwei Jahre aus einer ziemlich heilen Welt herauskatapultiert worden in die Realität der Arbeitslosigkeit. Das sollte bei ihnen zu der Erfahrung führen, daß sich nicht einfach so là là dahinschreiben läßt. Es sollte zu Reibungen führen und vielleicht zu einer interessanten Literatur.

BZ: In *Ein Tag im Jahr* schreiben Sie, wann immer Sie Auto fahren, überkommt Sie die Lust zu singen. Musik spielt, so lernt der Leser, eine große Rolle in Ihrem Leben. Auch beim Schreiben?

Wolf: Beim Schreiben höre ich keine Musik. Das würde mich zu sehr ablenken.

BZ: Wenn Sie nach dem »Ton« suchen, spielt Musik auch keine Rolle?

Wolf: Nein, jedenfalls keine bewußte.

BZ: Sie haben niemals versucht, einer Erzählung eine musikalische Form zu geben?

Wolf: Ich habe einmal einen meditativen Text für Joseph Haydns *Missa in tempore belli* geschrieben und ein Szenarium zu einem Medea-Oratorium, das Georg Katzer in Musik gesetzt hat. Aber ich bin nicht sehr bewandert in Musik. Ich habe Vokalmusik sehr gerne. Ich kenne unzählig viele Lieder. Ich singe sie gerne.

BZ: Hören Sie Ihre Sätze ab?

Wolf: O ja. Ja, ja. Gerade bei *Kassandra*, da ist dann ein Rhythmus hereingekommen, und nach ihm wurden die Sätze gebaut. Auch bei *Kein Ort. Nirgends*. Bei den kürzeren Texten spielt das eine ganz wichtige Rolle. Da achtet es – nicht ich – sehr darauf.

BZ: Nicht bei der Komposition des Ganzen?

Wolf: Nein. Bei den Sätzen. Ich mache mir vorausschauend Notizen, Konstruktionen, auch, wo erforderlich, Kapitelüberschriften, aber sonst schreibe ich hintereinander weg. Ein Wort gibt das nächste, ein Satz den nächsten.

BZ: Haben Sie die Aufzeichnungen in *Ein Tag im Jahr* bearbeitet?

Wolf: Nicht »bearbeitet«. Ich habe einiges gestrichen, was

Personen angeht. Nicht so viel, wie man denken sollte. Ich habe mich allerdings gehütet, Fehleinschätzungen, Dummheiten meinerseits nachträglich zu verbessern oder etwa ganz zu streichen. Das hätte das Buch zerstört. Es ist ja gerade auch als Dokument dieser Irrtümer interessant. Es soll ja vor allem authentisch sein. Sonst hätte es keinen Sinn. Aber eine Redaktion habe ich schon vorgenommen.

BZ: Mir sind an dem Buch weniger Ihre Irrtümer aufgefallen als die Tatsache, daß Sie von der ersten Eintragung an im Clinch mit der DDR waren. Sie sind dennoch dort geblieben. Warum?

Wolf: Es gibt ein Motiv, das ich erst sehr spät erkannte. Ich hatte die Erfahrung der Flucht, der Austreibung am Ende des Zweiten Weltkriegs. Sie hatte viel tiefer gewirkt, als ich mir das über Jahre eingestanden habe. Sie hat, glaube ich heute, eine zweite Flucht für mich schwieriger gemacht. Das andere Motiv: Der Schock über das, was wir Deutschen während des Nationalsozialismus angerichtet hatten – in der Welt und in Deutschland –, brachte die Überzeugung hervor, jetzt mußte etwas absolut anderes beginnen. Das schien mir und vielen meiner Generation sich in der DDR anzubahnen. Für mich war die DDR der Teil Deutschlands, der am radikalsten mit der NS-Vergangenheit gebrochen hatte. Hier lebten und regierten Antifaschisten. Und der Marxismus in seiner vernünftigen Rationalität war ja auch die Gegen-Idee zu dem Irrationalismus der Nazi-Ideologie. Wir hielten ihn für absolut richtig. Den Dogmatismus zu durchschauen, in den er verfälscht wurde, kostete Jahre. Als wir merkten, daß das Humanum, um das es ja in der Literatur geht, in der Gesellschaft immer mehr zurückgedrängt und verletzt wurde, da wurden wir sehr kritisch, und da wurde es sehr kritisch für uns. Wir hatten nur überhaupt nicht den Eindruck, daß unsere Lage in der Bundesrepublik »besser« gewesen wäre.

BZ: Haben Sie mit Leuten aus dem Westen darüber gesprochen?

Wolf: Heinrich Böll zum Beispiel, mit dem ich mehrmals darüber sprach, der ja eine sehr kritische Haltung gegenüber der DDR hatte, hätte mir immer davon abgeraten, wegzugehen. Ich hatte von einem bestimmten Zeitpunkt an das Gefühl – das ist in *Kein Ort. Nirgends* ausgedrückt –, keine Alternative zu haben. Ich fühlte mich mit dem Rücken an der Wand. Da war es dann doch richtig, dort zu bleiben, wo ich die Menschen und die Konflikte kannte. Nach der Biermann-Ausbürgerung und den ihr folgenden Auseinandersetzungen kam es nach ernsten Zweifeln bei mir zu dem bewußten, festen Entschluß zu bleiben. Ich wollte unabhängig schreiben, ohne Rücksicht auf die Möglichkeit, veröffentlicht zu werden oder nicht. Das wurde *Kassandra.* Ich war gespannt, ob unsere Oberen das Gleichnis Troja, dessen Untergang, erkennen würden. Das konnten sie nicht. Die Erzählung wurde veröffentlicht. Bei den Vorlesungen zu *Kassandra* gab es dann ein paar Streichungen. Da konnte ich durchsetzen, daß die mit eckigen Klammern und Pünktchen markiert wurden. Wir waren keine Einzelkämpfer. Es war immer eine Gruppe von Freunden und Kollegen. Wir verständigten uns untereinander, und wir hatten immer das Gefühl, wir werden hier gebraucht.

BZ: Ich war in Frankfurt/Main, als Sie 1982 dort die *Kassandra*-Vorlesungen hielten. Wenn Sie das Gefühl brauchten, gebraucht zu werden – Sie hätten es auch dort haben können.

Wolf: Das war das Eigenartige. *Kassandra* hatte in der DDR und in der Bundesrepublik diese ganz besondere Resonanz mit unterschiedlichen Akzenten. Bei uns ging es vor allem um die Friedensströmung in dem Buch und um die kritische Stimme gegenüber der Obrigkeit. Im Westen ging es vor allem um die Frauenemanzipation.

BZ: Sie waren damals »Kult«. Selbst die größten Hörsäle waren zu klein für Ihr Publikum.

Wolf: Mir machte das auch angst. Da werden einem so viele Erwartungen entgegengebracht. Man spürt das, und man weiß, daß man diese Erwartungen unmöglich erfüllen kann.

BZ: Sie wissen nicht, was die Hörerinnen wollten?

Wolf: Leser, also auch Sie und ich, suchen eine Identifikationsmöglichkeit. Wenn man Objekt solcher Sehnsüchte ist, sollte man das so schnell wie möglich vergessen. Man darf das nicht an sich heranlassen, schon gar nicht darf man glauben, man sei auch nur ein Tausendstel so großartig, wie diese hörenden Massen einen – für ein paar Augenblicke – wahrnehmen. Meine Texte sind doch sehr rational. Auch *Kassandra* basiert auf historischen Recherchen. Ich hasse alles Verschwommene und Mystische. Von daher bediene ich ja gerade solche Bedürfnisse nicht.

BZ: Vielleicht lag es an dem Pathos der *Kassandra*. Da sprach eine Frau aus dreitausend Jahren Entfernung direkt zu ihren Schwestern. Die Frauenbewegung lebte auch von dem Bewußtsein, mit Jahrtausenden Patriarchat zu brechen. Dieses Pathos des Bruchs mit der bisherigen Weltgeschichte war doch auch für Sie verlockend. Der Sozialismus hatte Ähnliches versprochen.

Wolf: Ja sicher. Man kann das heute wieder bei jungen Leuten bei den Studentenstreiks beobachten. Auch da gibt es einige, die nicht nur die Studienbedingungen ändern wollen, sondern die Welt überhaupt, das Ganze. Zwanzigjährige sollten das doch mal denken können und sich dafür einsetzen. Wenn sie nicht auf Dauer abheben von der Realität. Aber was ist »Realität«? Realität ist für sie eine Gesellschaft, in der es nur auf Konsum und Effizienz ankommt. Soll das für einen Zwanzigjährigen eine Perspektive sein?

BZ: Ist es eine für eine fast Fünfundsiebzigjährige?

Wolf: Absolut nicht.

BZ: Für wen ist es eine?

Wolf: Ich hoffe, für niemanden. Aber ganze Generationen leben das. Das wissen die Zwanzigjährigen noch nicht. Das können und sollen sie auch noch nicht wissen. Das lehrt der holprige, schwierige Weg des Lebens, den man auch Reife nennen könnte. Aber dagegen geht Literatur an.

BZ: Schönheit wird immer wieder erwähnt in *Ein Tag im Jahr*. Was ist Schönheit für Sie?

Wolf: Sie spielt eine zentrale Rolle in meinem Leben. Ich sitze stundenlang vor unserem Haus in Mecklenburg und sehe die Wiesen, die Bäume, dann die Sonne untergehen und alles grau und dunkel werden. Wir haben eine große Platane vor dem Haus stehen. Ich sehe sie gerne an, mit all ihren Ästen, Zweigen und Blättern: Sie ist schön. Ich könnte wohl nicht lange leben, nur von Häßlichem umgeben. Aber Schönheit ist für mich etwas anderes, als man mir im Fernsehen und in den Zeitschriften einreden will. Ich fand Anna Seghers – auch, ja vor allem, die alte Anna Seghers – eine schöne Frau. Man will uns ja einreden, jemand sei desto schöner, je weniger Spuren das Leben in ihm hinterlassen hat. Aber die Schönheit, die ich bewundere, ist die Schönheit des Lebens und nicht die, aus der das Leben getilgt wurde. Neulich nacht habe ich mir wieder einmal *Casablanca* angesehen. Ingrid Bergman, wenn sie unter ihrem Hut die Augen aufschlägt, ist wirklich sehr schön, und Humphrey Bogart ist auch sehr reizvoll. Ich liebe diese Männer, die nach außen zynisch sind und bei denen darunter das große Sentiment steckt, das dann auch zum Ausdruck kommt. Aber viel schöner als Bogart und Bergman war das Zusammenspiel der beiden. Das habe ich genossen, auch wenn es die Züge einer Schmonzette hat.

BZ: Achten Sie darauf, schön zu schreiben?

Wolf: Ich will nicht »Schönheit« erreichen. Erreichen möchte ich, daß in einem Text kein Wort überflüssig ist, kein Wort fehlt und jedes Wort an seiner Stelle steht. Keines darf austauschbar sein. So etwas geht nur bei kürzeren Texten. Bei *Kassandra* ging das. Nicht, daß ich denke, das sei der großartigste aller Texte, aber wenn ich ihn heute lese, stimmt alles. Es ist nichts zu korrigieren daran. Der Rhythmus hat die Wörter an die richtige Stelle gerückt, und er hat die richtigen Wörter aus der Autorin hervorgelockt. Bei längeren Texten wie zum Beispiel *Kindheitsmuster* ist das anders. Bei den kürzeren Texten arbeite ich an den Sätzen, an den Wörtern, bis ich sie so habe, daß sie nicht mehr anders zu denken sind. Ich sage nicht, daß das immer gelingt, aber das ist mein Ziel. Auch bei *Leibhaftig*. Da war es mir besonders wichtig, auch besonders nötig. Denn in *Leibhaftig* gibt es die ganz realistischen, mit technischen Realien angefüllten Passagen und dann diese Öffnung zur anderen Welt. Das auch mir sonst Verborgene konnte ich nur zeigen durch die sorgfältigste, genaueste Beschreibung physischer Zustände und Vorgänge. Da spielten die Bilder eine wichtige Rolle. Ich habe viel visualisiert in *Leibhaftig*. Wie beschreibt man Todesnähe? Kann das »schön« sein? »Das Schöne ist nichts als des Schrecklichen Anfang ...«?

BZ: Sie haben diesen Schrecken mit großer, mit erschrekkender Schönheit beschworen.

2004

»Bei mir dauert alles sehr lange«

Gespräch mit Hanns-Bruno Kammertöns und Stephan Lebert

DIE ZEIT: Wie beurteilen Sie die Bundestagswahlen?

Christa Wolf: Ich finde, dieses Wahlergebnis porträtiert das Land, wie es sich im Augenblick selbst sieht: Die Deutschen sind ratlos.

ZEIT: Sie schreiben seit vielen Jahren immer am 27. September ein ausführliches Tagesprotokoll. Was haben Sie diesmal notiert? Ist es wegen der Wahl besonders politisch ausgefallen?

Wolf: Seien Sie nicht so neugierig! Ich habe Zeitung gelesen und habe mich mit politischen Meldungen auseinandergesetzt, besonders mit denen, die den Ausgang der Wahlen betreffen, der mir ziemlich genau der Lage zu entsprechen scheint, in der dieses Land sich befindet: matt gesetzt.

ZEIT: Frau Wolf, wir bleiben neugierig. Auf dem Regal neben Ihrem Schreibtisch steht ein Foto von Heinrich Böll. Haben Sie verstanden, warum sich Böll ein Leben lang an der Bergpredigt orientiert hat?

Wolf: Absolut. Böll hat zu mir gesagt, wer einmal Katholik war und wer einmal Kommunist war, der wird das nie wieder los.

ZEIT: Sagte er das mit dem Unterton des Bedauerns?

Wolf: Nein. Als einfache Feststellung.

ZEIT: Sind Sie, sei es auch nur von ferne, ein religiöser Mensch?

Wolf: Nein, wenn damit eine Kirchenreligion gemeint ist.

ZEIT: Nie versucht gewesen, es zu sein, auch nicht in Krisensituationen?

Wolf: Doch, doch. Man sucht schon. Ich bin in einem Elternhaus aufgewachsen, das nicht religiös war. Meine Heimatstadt Landsberg liegt ja in der Neumark, die vom Alten Fritz kolonisiert wurde. Und damit war die Gegend protestantisch, es gab nur wenige Katholiken. Und vor den Katholiken solle man sich hüten, wurde uns immer gesagt, die seien falsch. Als das Datum meiner Konfirmation näher rückte, mußte ich vorher natürlich den Konfirmandenunterricht besuchen – bei einem Pfarrer, den ich verabscheute und der uns anscheinend auch verabscheute. Deshalb wollte ich eigentlich überhaupt nicht konfirmiert werden, aber meine Mutter meinte, das könnten wir der Oma nicht antun.

ZEIT: Und nach der Konfirmation ...

Wolf: ... da war das Thema Religion erst mal für mich erledigt. Nach dem Krieg, als alles, woran ich geglaubt hatte, zusammengebrochen war, habe ich intensiv nach einem neuen Glauben gesucht, zunächst in der Kirche. Später – ach, wissen Sie, es gab einfach zu vieles, was mir nicht einleuchtete: die unbefleckte Empfängnis Marias zum Beispiel oder die Auferstehung von den Toten. Das erschien mir zu irrational.

ZEIT: Einer Ihrer langjährigen Freunde ist Max Frisch gewesen. Wie haben Sie ihn kennengelernt?

Wolf: Bei einer mehrtägigen Dampferfahrt auf der Wolga, 1968. Eine Veranstaltung zu Ehren von Maxim Gorkij. Künstler aus aller Welt waren dazu eingeladen. Ich weiß noch gut, wie Max Frisch auf mich zukam und sich mir vorstellte. Er rechnete offenbar damit, daß auch Ingeborg Bachmann an Bord sei; wie sich herausstellte, war sie aber nicht gekommen. Ich habe das zu jener Zeit gar nicht richtig verstanden, die persönliche Geschichte der beiden kannte ich nicht. Wie ich später erfuhr, wäre es die erste Begegnung nach ihrer Trennung gewesen.

ZEIT: Also ging es recht harmonisch zu?

Wolf: Ja und nein. Auf dem Schiff fanden Seminare und Veranstaltungen statt, vor denen mein Mann und ich uns oft gedrückt haben. Wir standen meistens an der Reling, abends saßen wir mit Max Frisch, tranken Wodka und sagten uns unsere unterschiedlichen Meinungen. Irgendwann haben wir dann auch gestritten. Am Morgen kam Frisch einmal auf uns zu und fragte: Reden wir eigentlich noch miteinander?

ZEIT: Worum ging der Streit?

Wolf: Wir fanden, daß der Sozialismus schon die bessere, die zukunftsweisende Lebensform sei, trotz aller Fehler. Und Frisch hat diese Fehler zum Thema gemacht, das fanden wir spießig. Als Jahre später Willy Brandt wegen Guillaume zurücktrat, waren wir gerade in den USA, in Ohio, und Frisch rief aus New York an. Er beschimpfte uns regelrecht, nach dem Motto: Wir Ostler hätten den Spion geschickt, seien damit schuld an Brandts Ende. Schließlich bot er uns aber an, seine Wohnung in New York zu nutzen. Max Frisch ist mir sehr nahe gewesen, gerade in seiner Schonungslosigkeit und Widersprüchlichkeit. Ich mochte ihn sehr. Nach der Biermann-Ausbürgerung, als wir in einer schwierigen Lage waren, kam er uns besuchen, das haben wir ihm nicht vergessen.

ZEIT: Nach seinem Tod haben Sie geschrieben: »Ein Posten ist vakant.« Konnte ihn jemand inzwischen besetzen?

Wolf: So beginnt ja die letzte Strophe in Heines Gedicht *Enfant perdu.* Das fängt an: »Verlorner Posten in dem Freiheitskriege ...« So spricht heute niemand mehr. Ich glaube, es gibt diesen »Posten« nicht einmal mehr. Die Zeiten und die Ziele haben sich geändert.

ZEIT: Frau Wolf, neulich sorgte eine Frau in Brandenburg für Schlagzeilen, die neun ihrer Babys umgebracht und verscharrt haben soll. Der Kabarettist Harald Schmidt sagte, als er das gehört habe, habe er es sofort ausgeblendet, »das lasse ich gar nicht an mich heran«.

Wolf: Ich mache es genau umgekehrt. Ich beschäftige mich intensiv damit. Ich will alles darüber wissen; jeden Artikel, den ich dazu finde, lese ich, alle Hintergrundberichte darüber, warum Frauen Kinder töten. Erst dachte ich, das wird sicher eine arme Schwachsinnige sein. Aber der Fall scheint ja anders zu liegen. Mich interessiert die Schnittstelle, an der subjektives pathologisches Handeln und die Pathologie der Gesellschaft sich berühren, vielleicht gegenseitig bedingen.

ZEIT: Könnte Sie ein solcher Stoff schriftstellerisch reizen?

Wolf: Nein. Ich wäre nicht imstande, psychopathische Figuren zu beschreiben.

ZEIT: Aus Angst?

Wolf: Wissen Sie, ich lese anfallsweise gerne Krimis mit psychologischem Tiefgang. Erst gerade habe ich einen sehr guten von P. D. James gelesen. Manchmal sagen meine Enkel, schreib doch mal selbst einen Krimi. Da hab ich gedacht, warum eigentlich nicht? Aber es geht nicht. Man müßte ja einen Mord als Ausgangspunkt haben, sonst funktioniert es nicht. Aber ich kann keinen Mord beschreiben, ich kann keinen Menschen beschreiben, der mordet. Schon als Kind hatte ich große Angst vor körperlicher Verletzung. Ich glaube, ich versuche dieses völlig Irrationale, was teilweise unsere Welt beherrscht, zurückzudrängen, besonders durch mein Schreiben. Ich versuche, einen Raum zu erzeugen, in dem das Irrationale, wenn es Macht hat, wie in *Kassandra* und *Medea,* durch, ja: humane Werte ein Gegengewicht bekommt.

ZEIT: Glauben Sie, daß die Macht des Irrationalen in unserer Zeit zunimmt?

Wolf: Ich fürchte das. Auch mit der wild wuchernden Technik und weltweiten Vernetzung scheint mir die Macht von Systemen zu wachsen, die sich verselbständigen, in denen nicht mehr klar zu bestimmen ist, welche Menschen die Verantwortung tragen. Rationale Gegengewichte, zum Beispiel eben die Demokratie, scheinen ausgehöhlt zu werden und an Einfluß zu verlieren. Das ist nicht nur bedauerlich, man kann sich schon davor fürchten, was da auf unsere Enkelgeneration zukommt.

ZEIT: Brandenburgs Innenminister Jörg Schönbohm sagte, der neunfache Babymord werfe neuerlich die Frage auf, ob die proletarische Erziehung der DDR die Menschen im Osten nicht verroht habe. Waren Sie empört, als Sie das hörten?

Wolf: Richtig böse war ich nicht, ich hab auch nicht gelächelt, meine Reaktion liegt irgendwo dazwischen. Eigentlich ist es für mich eher eine Bestätigung, daß Menschen wie Schönbohm eben so denken, nur daß sie es jetzt auch äußern. Ich hätte Schönbohm und auch Herrn Stoiber für klüger und geschickter gehalten, bei ihrer politischen Erfahrung, noch dazu vor Wahlen. Es muß ihnen also schon ein großes Bedürfnis gewesen sein, sich so zu äußern.

ZEIT: Was ist das Unangenehmste an diesen Äußerungen?

Wolf: Durch die materiellen Auswirkungen der deutschen Einheit, vor allem natürlich durch die hohe Arbeitslosigkeit, gibt es dieses Gefühl bei vielen Menschen im Osten: Wir sind die Unterlegenen, und, das ist wichtig, die Leute im Westen sehen uns auch als Unterlegene an und auf uns herab. Deshalb sind die Aussprüche von Stoiber und Schönbohm so katastrophal, weil sie genau auf dieses Gefühl noch draufhauen und es weiter befestigen.

ZEIT: Jetzt sitzt eine neue Partei im Parlament, die Linke mit Gregor Gysi und Oskar Lafontaine. Für Sie ein Anlaß zur Hoffnung?

Wolf: Hoffnung ist zuviel gesagt, aber ich verstehe, warum im Osten diese Partei einen solch großen Zulauf hat, das hängt mit allem zusammen, was wir eben besprochen haben, vor allem mit der sozialen Lage vieler Menschen im Osten. Ich halte auch eine Kraft links von der SPD im Parlament für wichtig. Für genauso wichtig halte ich außerparlamentarische kritische Bewegungen.

ZEIT: Sie haben ein Haus auf dem Land in Mecklenburg-Vorpommern. Wie erleben Sie dort den Alltag fünfzehn Jahre nach der Deutschen Einheit?

Wolf: Es sind viele Leute weggegangen, vor allem jüngere, in erster Linie wegen fehlender Arbeitsmöglichkeiten. Abgesehen von einigen Zentren kann man denken: Das Land läuft aus. Die neu hinzukommen und die leer gewordenen Häuser kaufen, sind Städter, die am Wochenende aufs Land fahren. Deshalb sieht man auf der Dorfstraße wieder kleine Kinder, was lange Zeit nicht der Fall war. Es stimmt, daß auf dem Land viel getrunken wird und daß die Älteren in der Überzahl sind. Aber es ist trotzdem kein trostloses Lebensgefühl. Es gibt Gruppen von jungen und mittelalten Leuten, die entschlossen sind, ihr Leben nicht zu verdröhnen. Die haben Pläne, die sie erfindungsreich und mit großem persönlichen Einsatz in die Tat umsetzen – und sei es die Restaurierung einer Kulturscheune. Ermutigend ist: Diese Aktivitäten kommen »von unten«. Übrigens: Gar nicht so wenige Westdeutsche, die zugezogen sind, sind daran beteiligt.

ZEIT: Gab es in den beiden Teilen Deutschlands überhaupt dieses Interesse an dem jeweils anderen Land?

Wolf: Natürlich gab es das bei vielen Menschen auf beiden Seiten. In meinem Freundeskreis sind in den letzten Jahren fast nur Wessis hinzugekommen. Aber was die Länder im ganzen betrifft, muß man klar sagen: Nein, dieses Interesse gab es nicht. Es gab vom Westen her kein Bedürfnis, von den anderen, von uns, zu lernen. Man war zu überlegen. Man kennt einander bis heute nicht.

ZEIT: Sind Sie in Ihrem Dorf so eine Art heimliche Bürgermeisterin?

Wolf: Um Gottes willen, nein! Mir fehlt dazu die Kompetenz, und ich bin dort, um durchzuatmen, jedes Jahr neu die wunderbare Landschaft und die Natur zu genießen – und neu zu schreiben.

ZEIT: Wo ist Ihre Heimat, Frau Wolf?

Wolf: Meine Heimat lag jenseits der Oder, und diese Heimat ist für mich schon lange verloren. Mein Zuhause ist Berlin, ich möchte nirgendwo anders leben, auch nicht dauernd auf dem Land. Ich bin seit den fünfziger Jahren in dieser Stadt, mein Leben, meine ganze Entwicklung ist mit Berlin verbunden, gute und schwere Zeiten habe ich hier erlebt. Wenn ich mit meinem Mann im Auto durch die Stadt fahre, erreichen mich oft Erinnerungssignale: Guck mal, hier ist das Kulturhaus, wo diese verrückte Lesung damals war. Natürlich gibt es das längst nicht mehr. Andere Gebäude lösen unangenehme Erinnerungen aus, zum Beispiel das ehemalige Zentralkomitee, das man von der Straße aus heute gar nicht mehr sieht, heute übrigens Außenministerium.

ZEIT: Wie war das Gefühl, sich mit Erich Honecker in einem Raum zu befinden? Man stellt sich vor, daß es ziemlich langweilig gewesen sein muß.

Wolf: So oft habe ich das gar nicht erlebt, meist bei größeren Veranstaltungen, bei denen er allerdings oft langweilige Reden hielt. Meistens war es so. Er hat seine Geschichten, das, was er sagen wollte, so heruntergeleiert. Einmal hat er mich persönlich eingeladen, das war nach der Ausbürgerung von Wolf Biermann und unserem Protest dagegen und nachdem eine Reihe von Kollegen die DDR verlassen hatte. Er wollte ausloten, ob wir auch gehen wollten. Ich besuchte ihn, auch weil ich für vier jüngere Autoren, die man mit absurden Anschuldigungen eingesperrt hatte, etwas tun wollte. Wir saßen in einer Ecke seines Arbeitszimmers, Honecker sagte: Hier können wir offen reden. Das tat ich denn auch, kritisierte rückhaltlos die Kulturpolitik und ihre verhängnisvollen Folgen, kam dann auf die vier Schriftsteller zu sprechen: Wenn man als Autor hier aus Gesinnungsgründen eingesperrt werde, müßte man natürlich sehr schnell selbst auch das Land verlassen. Honecker hörte sich das alles an, versuchte zu beschwichtigen. Danach wurden die vier dann übrigens tatsächlich freigelassen.

(...)

ZEIT: Frau Wolf, lassen Sie uns über Sätze reden, die Sie geschrieben haben. Ihr Roman *Kindheitsmuster* fängt so an: »Das Vergangene ist nicht tot; es ist nicht einmal vergangen. Wir trennen es von uns ab und stellen uns fremd.« Wie lange hat es gedauert, bis dieser Satz auf dem Papier stand?

Wolf: Sehr lange. Übrigens ist ja der erste Satz ein Satz von Faulkner. Bei *Kindheitsmuster* gab es viele Anfänge, am Ende waren es achtunddreißig. Immer wieder habe ich sie verworfen, Versuche gemacht, in der ersten oder in der dritten Person zu erzählen. Irgendwann stimmte es dann. Die Schwierigkeiten hingen damit zusammen, daß in diesem Buch vier Ebenen einander durchdringen und übereinander gelagert sind. Das formale Problem ergab sich aus dem Inhalt. Es wird die Reise einer Familie nach Polen beschrieben, begleitet von grundsätzlichen Überlegungen über das Gedächtnis und als weitere Ebene Erinnerungen an die Zeit, die die heutige Erzählerin als Mädchen in der Stadt erlebt hat. So ist das immer bei mir, ich gehe immer vom Inhalt aus.

ZEIT: Inhalt heißt Wahrheit?

Wolf: Inhalt heißt mehr. Inhalt heißt erst einmal Stoff. Und dann geht es um die Durchdringung des Stoffes. Daß die Stoffe auf der Straße liegen, ist natürlich Unsinn. Der Stoff liegt ja nicht auf der Straße, vielmehr hat jeder Autor zu einer bestimmten Zeit einen bestimmten Stoff. Und genau diesen Punkt der stärksten Affinität, der inneren Notwendigkeit, mit dem richtigen Zeitpunkt zu treffen, darum geht es. Das bringt dann den Erzählton hervor.

ZEIT: In Ihrem Buch *Mit anderem Blick* erzählen Sie viel von Ihrer Zeit in Kalifornien Anfang der neunziger Jahre. Einmal besuchten Sie dort einen Arzt, der Sie fragte, was Sie machen, um eine große Schriftstellerin zu werden. Was haben Sie ihm geantwortet?

Wolf: Daß ich versuche, so nah wie möglich und so schonungslos wie möglich schreibend an mich heranzukommen.

ZEIT: Was empfinden Sie als die entscheidenden Stationen Ihrer Karriere?

Wolf: Karriere? Ich würde lieber Entwicklung sagen. Sicher spielt *Der geteilte Himmel* eine wichtige Rolle, bis heute noch mein Buch mit der größten Auflage. Einer der offiziellen Vorwürfe in der DDR war ja damals, es sei zu »modern« geschrieben, abgesehen von der Kritik am Inhalt. Sicherlich verkörpert *Der geteilte Himmel* nicht mein heutiges Schreibideal. Aber danach habe ich eine Erzählung geschrieben, die hieß *Juninach-*

mittag. Und damit erwachte in mir eine neue Lust zu schreiben, entstand meine Art von Realismus, mein Mut zu dieser Art von Realismus. Wenn Sie so wollen, ergab sich daraus meine Formel der »subjektiven Authentizität«. Das war natürlich in der DDR ein Stein des Anstoßes, weil das nicht dem vulgären Realismus entsprach, den man propagierte, und weil das damals auch keiner verstand. Aber mir war klar, daß ich diesen Weg weitergehen mußte, etwas anderes stand für mich nicht mehr zur Diskussion. Als nächstes erschien dann *Nachdenken über Christa T.*

ZEIT: Sie schreiben darin über die verstorbene Christa T.: »Klagen, Tränen, Vorwürfe bleiben nutzlos zurück. Endgültig abgewiesen, suchen wir Trost im Vergessen, das man Erinnerung nennt.« Ein brutaler, ein wütender Satz.

Wolf: Wenn ein Mensch stirbt, stirbt alles mit ihm, was er je erlebt, was er je gedacht hat, und das finde ich unfaßlich. Es nützt nichts, wenn ich so wenig wie möglich vergesse, der Mensch ist ja trotzdem weg. Gerade bei Menschen, die ein reiches Leben hatten, die viel in sich gesammelt haben und vieles davon nicht weitergegeben haben, wie soll das auch gehen, da finde ich den Tod besonders unannehmbar. Schrecklich, was mit jedem Menschen stirbt. Vielleicht ist Schreiben das Einzige, was man dagegensetzen kann.

ZEIT: Sie mögen das Vergessen nicht?

Wolf: Gute Frage. Doch, teilweise »mag« ich es schon, aber ich möchte es mir so wenig wie möglich erlauben. Ohne zu vergessen, könnte man nicht leben, das weiß man ja.

ZEIT: In *Christa T.* kommt ein Satz immer wieder vor: »Wann, wenn nicht jetzt?« Ist das im Grunde genommen der Satz für den Tod?

Wolf: Nein. Das ist im Grunde der Satz für das Leben. Alle meine Bücher, über die wir jetzt sprechen, also alle, die in der DDR erschienen sind und auch dort gedruckt wurden, sind natürlich aus dem Kontext des Lebens in der DDR entstanden. Aus der Problematik und vor allem aus der Konfliktlage, die ich damals sehr stark erlebte. Ich spürte, das hatte ich ja vorhin schon beschrieben, daß ich mit meinem Schreiben Konflikte bearbeitete und neue Konflikte produzierte. Daß ich aber eben nicht anders konnte. Der Satz »Wann, wenn nicht jetzt« ist der komprimierte Ausdruck dieser Erkenntnis, daß jeder Tag kostbar ist, er bestimmt dieses Buch, das aus der Trauer über den Tod meiner Freundin hervorgegangen ist. Die DDR hat immer alles aufgeschoben, die Verwirklichung einer vollkommenen Gesellschaft, neuer glücklicher Menschen, um einer leuchtenden Zukunft willen wurde die Gegenwart verpaßt. Auch dazu paßt dieser Satz.

ZEIT: Abgesehen von Ihren Notizen zum 27. September führen Sie ein Tagebuch, ist auch dies zur Veröffentlichung bestimmt?

Wolf: Wenn überhaupt, dann Jahre nach meinem Tod. Da steht sehr viel Persönliches drin, über nahe Menschen, auch Urteile, die nicht für die Öffentlichkeit bestimmt sind.

ZEIT: Wie sehen Ihre Tagebücher aus?

Wolf: Das sind meist diese Wachstuchhefte, grün, rot oder schwarz, immer liniert.

ZEIT: Gibt es bestimmte Zeiten, in denen Sie schreiben?

Wolf: Unterschiedlich. Ein paar Stunden am Tag sollten es schon sein. Als sehr junge Frau arbeitete ich gern abends und nachts. Aber mit den Kindern ging das nicht mehr. Der ideale Arbeitstag? Vormittags vier Stunden schreiben, Mittagessen, Mittagsschlaf, nachmittags noch mal ans Manuskript oder Post erledigen. Aber dieses Ideal verschwindet hinter dem Horizont. Heute habe ich das Problem, daß ich mich zu leicht ablenken lasse. Ich weiß immer, welcher Tag ist, welche Zeit. Mein Mann kann sich viel besser konzentrieren, der vergißt alles um sich herum. Darum beneide ich ihn.

ZEIT: Wann wissen Sie, daß Sie richtig liegen mit einem Text?

Wolf: Wenn mein Mann ihn gelesen hat. Ich schreibe erst eine ganze Menge, ehe ich ihm etwas zeige. Er weiß genau, was ich will, und drängt mich in diese Richtung. Er hat eine genaue Meß-Skala für meine Manuskripte. Wenn die optimalen Werte nicht erreicht sind, dann sagt er das.

ZEIT: Ärgert Sie das?

Wolf: Und wie! Jetzt nicht mehr so sehr. Früher hat es mich enorm aufgeregt. Wir haben uns gestritten. Inzwischen hat es sich eingependelt. Ich lasse die Manuskriptseiten erst einmal liegen. Irgendwann merke ich dann, wie es wieder in mir zu arbeiten beginnt, wie es mich wieder beschäftigt, auch nachts. Dann fange ich noch mal an. Bei mir dauert alles sehr lange.

ZEIT: Gibt es Bücher, die Ihnen besonders wichtig sind, die Sie durch Ihr Leben begleitet haben?

Wolf: Ich habe ein kleines blaues Buch mit Goethe-Gedichten, das bedeutet mir viel. Ich war als junges Mädchen, mit siebzehn, achtzehn, nach der Flucht ziemlich krank, mußte für ein paar Monate in ein Lungensanatorium. Diese Gedichte, die eine Lehrerin mir schenkte, haben eine ungeheure Lebensfreude in mir erzeugt, sie waren mir eine Offenbarung und sind es bis heute.

ZEIT: Haben Sie diese Gedichte immer in Reichweite?

Wolf: Ja.

ZEIT: Lesen Sie manche Bücher mehrmals?

Wolf: Oh, ja! Gerade jetzt habe ich den *Doktor Faustus* von Thomas Mann wieder gelesen. Eine tolle Geschichte: Der Teufel macht diesen »Tonsetzer« zum Schöpfer eines genialen Werkes, um den Preis, daß er nicht lieben darf. Leverkühn läßt sich darauf ein. Dahinter steckt die grundsätzliche Frage: Welchen Preis zahlt ein Künstler für sein Werk? Ich kenne Menschen, die nicht lieben konnten, aber großartige Bücher geschrieben haben.

ZEIT: Wer zum Beispiel?

Wolf: Ich werde keine Namen nennen.

ZEIT: Welchen Preis haben Sie gezahlt?

Wolf: Ich habe versucht, den Preis so gering wie möglich zu halten. Mir war immer klar: Wenn ich zu wählen gehabt hätte, etwa zwischen meinen Kindern und dem Schreiben, ich hätte mich immer für die Kinder entschieden. (...) Der Verzicht auf Leben – dazu war ich nie bereit. Vielleicht fehlt mir in diesem Punkt eine gewisse Rigorosität.

ZEIT: Glauben Sie, daß Sie Ihre Möglichkeiten, Ihre Fähigkeiten ausgeschöpft haben?

Wolf: Ich kann weder mit Ja noch mit Nein antworten. Vielleicht hört sich das komisch an in meinem Alter, aber ich habe den Eindruck, daß die letzte »Ausschöpfung« noch bevorsteht.

ZEIT: In Ihrem neuen Buch *Mit anderem Blick* schreiben Sie über das Essen, über Reisen, über skurrile Beobachtungen. Täuscht das Gefühl, daß dieses Buch leichter ist, was den Blick aufs Leben angeht?

Wolf: Nein, der Eindruck täuscht nicht. Dieses Buch ist sogar ein wenig unter diesem Gesichtspunkt zusammengestellt. Ich wollte einfach mal ein paar Dinge zeigen, die man von mir nicht unbedingt erwartet. Dazu gehören der Humor, die Leichtigkeit. Anders, als vielleicht manche vermuten, lache ich gern, wir lachen sehr viel in der Familie. Ironie und Selbstironie stehen bei uns hoch im Kurs. Ich wollte einfach mal etwas mehr davon sehen lassen.

ZEIT: Sind Sie mit den Jahren weiser geworden?

Wolf: Weiser? Vielleicht gelassener. Man hat doch schon einiges erlebt, und manches wiederholt sich. Eine bestimmte Struktur von Erfahrungen wiederholt sich. Ich kann nicht sagen, daß ich dickhäutiger geworden bin. Das überhaupt nicht. Aber meist weiß man aus Erfahrung, irgendwann geht es vorbei. Das bringt ein bißchen mehr Gelassenheit.

ZEIT: Anfang der neunziger Jahre haben Sie erlebt, wie in den deutschen Feuilletons plötzlich eine Debatte begann, in deren Mittelpunkt Sie standen. Tenor: Christa Wolf sei eine Staatsschriftstellerin der DDR, ihre Literatur sei überschätzt. Hat Sie dieser Angriff damals überrascht?

Wolf: Ja. Ich hatte das nicht erwartet, weil ich vorher im Westen ja sehr anerkannt war, als »gesamtdeutsche« Schriftstellerin. Und plötzlich war und bin ich für die Medien eine DDR-Schriftstellerin. Staatsschriftstellerin? Wer das sagte, hatte meine Bücher nicht gelesen.

ZEIT: Günter Grass meinte, die Angriffe seien nicht nur gegen Christa Wolf persönlich gerichtet gewesen, sondern gegen alles, was aus dem Osten kam. Sehen Sie das auch so?

Wolf: Ich glaube schon, daß es so war. Ich war im Osten, ob ich das wollte oder nicht, auf eine gewisse Weise eine Orientierungsfigur, und diese Figur wollte man demontieren, wie ja überhaupt die ganze DDR, nach dem Ausspruch einer ranghohen westdeutschen Politikerin, »delegitimiert« werden mußte. Bei der Gelegenheit versuchte das Feuilleton die realistische Literatur, auch von westdeutschen Autoren, zu diffamieren. Heute sieht man: Das ist nicht gelungen. Diese Art von Literatur ist lebendig. Und meine Leser sind mir geblieben.

ZEIT: Ein anderer Angriff lautete: Sie seien nicht nur jahrzehntelang von der Stasi bespitzelt worden, Sie seien auch selbst Ende der fünfziger Jahre für kurze Zeit Inoffizielle Mitarbeiterin des Ministeriums gewesen. Sie schrieben Berichte, harmloser Art, aber immerhin. Können Sie sich diesen Fehler inzwischen verzeihen?

Wolf: Das ist natürlich kein Ruhmesblatt. Aber inzwischen gehe ich auch in diesem Punkt gelassener mit mir um. Ich habe mich redlich bemüht, mich mit dieser Episode in meinem Leben auseinanderzusetzen. Ich habe meine Akte als Buch veröffentlicht, weil ich fand, meine Leser hätten ein Recht, darüber Bescheid zu wissen. Natürlich haben die Medien dieses Buch dann kaum zur Kenntnis genommen.

ZEIT: Monatelang standen Sie im Feuer öffentlicher Angriffe. Wie sind Sie mit diesem Druck umgegangen?

Wolf: Das war eine schwierige Zeit. Es wurde ja eine Art Monster-Bild von mir verbreitet. Ich mußte lernen, wer ein wahrer Freund ist und wer nicht. Mein Mann, meine Familie haben mir geholfen, ohne sie hätte ich das nicht durchgestanden. Sehr geholfen hat mir auch, daß ich genau zu dieser Zeit für ein Dreivierteljahr in Los Angeles gewesen bin, als Stipendiatin der Getty-Stiftung. Wir waren eine Gruppe Künstler und Wissenschaftler aus den verschiedensten Ländern. Auch die haben mich mit ihrer realistischen Sicht auf die überhitzte Atmosphäre im vereinigten Deutschland vor gefährlichen Überreaktionen bewahrt. Ich habe in dieser Zeit sehr viele interessante Menschen kennengelernt, am bewegendsten waren meine Treffen mit Holocaust-Überlebenden der zweiten Generation.

ZEIT: Können Sie ein Beispiel erzählen?

Wolf: Ich traf eine Frau, die war von ihren jüdischen Eltern als Kind in einem Nonnenkloster versteckt worden, als die deutsche Wehrmacht in Frankreich einmarschierte. Sie konnte das nie, nie verwinden, obwohl ihr dadurch das Leben gerettet wurde. Die Eltern holten sie wieder zu sich, als sie einen Fluchtweg nach Amerika ausgemacht hatten. Rational hatte sie ihre Eltern natürlich verstanden, aber emotional konnte sie nie darüber hinwegkommen, daß ihre Eltern sie weggegeben hatten. Mich hat diese Geschichte sehr bewegt.

ZEIT: Frau Wolf, was war im Rückblick an Ihrer Zeit in der DDR richtig gut?

Wolf: Das kann ich so nicht beantworten, über die ursprünglichen Erinnerungen schieben sich die späteren Bewertungen. Ich will es mal so versuchen. Vielleicht war es diese Aufbruchsstimmung in den fünfziger Jahren, das Gefühl, hier in der DDR entsteht ein besserer, ein sozial gerechterer Staat. Wir bekamen in jenen Jahren unsere antifaschistische Prägung. Ich kam in Kontakt mit linken Schriftstellern, die aus der Emigration in die DDR gekommen waren: Louis Fürnberg, Anna Seghers, Willi Bredel, F. C. Weiskopf, KuBa, Alex Wedding – und viele andere. Wir lasen ihre Bücher. Wir erlebten ihre Konflikte mit. Ich denke heute noch, das waren die interessantesten Leute, die es damals in Deutschland gab. Die Begegnungen mit ihnen konnten einen glauben lassen, man befände sich am richtigen Ort. Das war zum Teil ein utopischer Ort, den der »real existierende Sozialismus« dann nach und nach besetzte. Aber eine Utopie kann sehr, sehr lange in einem nachwirken.

ZEIT: Mochten Sie Brecht?

Wolf: Als Autor natürlich. Auch als Denker und als Theatermacher: Alle seine frühen Inszenierungen am Berliner Ensemble – auch so ein utopischer Ort – bleiben mir unvergeßlich. Gegen Brecht als Mann hatte ich Vorbehalte, mir schien, er verlangte zu viel Selbstaufgabe von seinen Frauen.

ZEIT: Wann haben Sie von der DDR Abschied genommen?

Wolf: Es war ein langer Abschied, der Anfang der sechziger Jahre begann. Der letzte Zeitpunkt, die DDR mit Reformen wirklich zu verändern, wäre im Jahr 1968 gewesen. Aber dann haben die Russen den Prager Frühling niedergeschlagen. Es war vorbei. Nach der Wiedervereinigung stellte sich kurz eine Art Phantomschmerz ein, unter anderem deshalb, weil ich die Abqualifizierung der DDR einzig unter dem Begriff Diktatur als zu undifferenziert empfand. Aber auch dieser Schmerz ist vergangen.

ZEIT: Herbst 2005, fünfzehn Jahre nach der Deutschen Einheit: Wie fällt Ihr Blick auf die heutige Gesellschaft aus?

Wolf: Eine Gesellschaft in der Krise, die ihre Integrationskraft für ihre auseinanderdriftenden Bevölkerungsgruppen zunehmend verliert, und, was gefährlich ist, große Mengen »überflüssiger« Menschen produziert; eine Gesellschaft, die ihren humanitären Wertekanon zugunsten neoliberaler »Werte« aufzugeben beginnt, in der viele Einzelne um ihren Platz kämpfen und ihn dann zu halten versuchen.

ZEIT: Und dabei leiden die Menschen?

Wolf: Ich finde schon. Das Wichtigste, was Menschen miteinander anstellen sollten, ist, sich gegenseitig zu fördern und zu ermutigen. Und genau dies geschieht nicht – oder zu wenig.

2005

»Wir haben dieses Land geliebt«

Gespräch mit Susanne Beyer und Volker Hage

SPIEGEL: Frau Wolf, in der nächsten Woche erscheint Ihr neues Buch: Sie erzählen darin vor allem von den Turbulenzen, die Sie nach der Wiedervereinigung durchstehen mußten. Dies kollidiert mit einer ganz neuen Wiedervereinigungsdebatte, ausgelöst durch die Kandidatur Joachim Gaucks, in der es wieder einmal um das Verhältnis zur DDR geht. Westdeutsche sind begeistert von Gauck, manche Ostdeutsche reagieren eher verhalten, vor allem wohl wegen seiner klaren DDR-kritischen Haltung. Was halten Sie von dem Kandidaten?

Wolf: Ich erlaube mir in dieser Frage kein Urteil, weil ich es nicht ausreichend begründen könnte.

SPIEGEL: Das verstehen wir nicht. Das Verhältnis zur DDR ist doch ein Hauptthema Ihres neuen Buchs. Oder nicht?

Wolf: Ich glaube, in meinem Text werden sehr unterschiedliche Themen angeschnitten. Die Haupterzählebene ist doch mein Aufenthalt 1992/93 in den USA. Aber ich greife zurück bis in meine Jugend, als wir, nach der Flucht aus meiner Heimatstadt, quasi vor dem Nichts standen. Auf der Universität traf ich auf viele Generationsgenossen, die, nach der niederschmetternden Erfahrung des Nationalsozialismus, eine von Grund auf andere Gesellschaft erhofften. Für uns wurde es, über die Jahre hin, ein arger Weg der Erkenntnis.

SPIEGEL: Zu der Erkenntnis, daß aus der DDR nichts Rechtes werden würde? Wir haben das Gefühl, Sie weichen aus. In Ihrem Buch wird nicht ganz klar, wie Sie heute zu diesem Staat stehen. Im Westen galten Sie immer als verhalten oppositionell, sind aber im Osten geblieben, und man hat bis heute von Ihnen nicht gehört, daß Sie die DDR für einen Unrechtsstaat, für eine Diktatur halten.

Wolf: Günter Gaus hat einmal geschrieben, diese Begriffe seien heute der Gesslerhut, den man grüßen muß, um nicht beargwöhnt zu werden. Meinetwegen. Aber diese Begriffe verdekken alle Differenzierungen, an denen mir so liegt. Das habe ich in Gesprächen mit Menschen, nicht nur aus der DDR, immer wieder gespürt. Nostalgie lasse ich nicht aufkommen. Aber wenn ich – durchaus kritisch – konkrete Vorgänge beschreibe, tauchen die Erinnerungen vielleicht wieder auf. Und mit ihnen Einsichten, die zu Entscheidungen führen können.

SPIEGEL: Kann es sein, daß Sie sich nicht über Gauck äußern wollen, weil er da ganz eindeutig ist? In seiner Autobiographie bezeichnet er die DDR unumwunden als Diktatur. Damit gewinnt er zugleich die Freiheit, auch Freundliches über das Alltagsleben in diesem Staat zu sagen, von positiven Erinnerungen und von Verlusten zu erzählen.

Wolf: Ich habe die Biographie von Joachim Gauck nicht gelesen. Ich denke aber, daß die kritische Auseinandersetzung mit der DDR bei mir ständig geführt wird.

SPIEGEL: In Ihren Büchern entfaltet sich die Erinnerung aus sich selbst heraus, in vielen Schattierungen. Aber diese eher sanfte, deskriptive Vorgehensweise ist auch gefährlich: Alles läßt sich immer weiter differenzieren. Potentiell ist das ein Vorgang, der nicht abzuschließen ist. Sollte man nicht auch einmal zu einem Urteil, einer Einschätzung kommen?

Wolf: Natürlich läßt sich vieles pauschal beurteilen, man kommt dann aber ziemlich schnell nur zum Verurteilen, und ich glaube, daß sich da Erkenntnis verschließt.

SPIEGEL: Aber wo bleibt die Wut? Zu DDR-Zeiten sind Sie mit vielen Kommunisten befreundet gewesen, die unter Hitler verfolgt wurden, ins Exil gingen, dann in Moskau von den eigenen Genossen drangsaliert wurden und später sogar in DDR-Gefängnissen saßen. Wie konnten Sie, die anfänglich alle Hoffnungen in die DDR gesteckt haben, das aushalten?

Wolf: Ja, und gleich fragen Sie mich wieder, was mich seit zwanzig Jahren alle immer fragen, warum ich überhaupt in der DDR geblieben bin. Das wird doch alles in meinem Buch beschrieben: die Konflikte, die ich erlebte und aus denen heraus ich schrieb. Und natürlich haben wir uns da immer wieder gefragt: Wollen wir nicht gehen?

SPIEGEL: Was hat Sie gehindert?

Wolf: Auch das beschreibe ich ja: wie wir damals dauernd in den Atlas geguckt haben, nach möglichen Orten. Aber wir wußten nicht, wohin – *Kein Ort. Nirgends*, das ist der Ausdruck für mein Lebensgefühl damals. Es gab für mich keine Alternativen, keinen Ort. Ich habe in der DDR nicht mehr mitgespielt – bin zu keiner Versammlung, keiner Wahl mehr gegangen –, außer wenn ich mich kritisch einmischen mußte, wie beim 11. Plenum 1965 oder beim Protest gegen die Biermann-Ausbürgerung 1976. Aus meinen Stasi-Akten, auf die man sich doch sonst gern bezieht, geht hervor, daß man mich keineswegs als, wie Sie sagen, verhalten oppositionell, sondern zunehmend als Gegner sah. Und dafür, daß ich dann eine der ganz wenigen Revolutionen der deutschen Geschichte miterleben durfte, hatte es sich gelohnt zu bleiben – auch das steht in meinem Buch.

SPIEGEL: Nach der Wende gingen Sie 1992 ausgerechnet in die USA – den Inbegriff der westlichen Welt.

Wolf: Absurderweise dachten viele, ich würde dort bleiben, ins Exil gehen. Keine Sekunde habe ich das geplant. Es hatte schon länger diese Einladung gegeben, in Los Angeles ein neunmonatiges Stipendium der Getty-Stiftung anzutreten.

SPIEGEL: Genau zu dieser Zeit brach in Deutschland ein Sturm gegen Sie los, was Sie in Ihrem Buch mit Verzweiflung, aber auch mit Humor beschreiben. Sie hatten im Mai 1992 erfahren, daß es bei der Stasi-Unterlagen-Behörde eine sogenannte Täterakte gab, die dokumentierte, daß Sie zwischen 1959 und 1962 sporadisch mit der Stasi zusammengearbeitet hatten. Sie haben dann, als Sie bereits in Amerika waren, in einer Zeitung die Existenz dieser Akte offenbart. Die Medien reagierten mit Härte und Unverständnis, auf einmal waren

Sie nicht mehr die weithin geachtete Schriftstellerin, sondern nur noch IM »Margarete«.

Wolf: Was mich störte, ja wütend machte, war, daß man mich nur auf diesen einen Punkt festlegte, daß man meine Entwicklung nicht sah und es nicht einmal für nötig hielt, sich kundig zu machen, was es da sonst noch an Akten gab.

SPIEGEL: 42 Bände Opferakten, die bezeugen, daß Sie selbst über einen weitaus längeren Zeitraum intensiv observiert worden sind?

Wolf: Es kamen später noch die umfangreichen Telefonprotokolle dazu. Und dagegen gab es diesen schmalen Faszikel meiner Gespräche mit der Stasi, die über dreißig Jahre zurücklagen, über den fast ausschließlich geschrieben wurde. Als ich dann, wohl als einzige, die sogenannte Täterakte vollkommen publiziert habe, hat davon keine Zeitung, die mich vorher verurteilt hatte, auch nur Notiz genommen. Es war vielleicht gar keine so schlechte Lehre für mich: Journalisten, denen die Täterakte sofort zugänglich gemacht wurde, hätten sich ja auch für meine Opferakten interessieren können. Aber das war nicht gefragt. Man wollte nicht meine Entwicklung darstellen, die in den sechziger Jahren und danach dazu geführt hat, daß ich observiert wurde. Das hat mich fassungslos gemacht.

SPIEGEL: Im *SPIEGEL* war davon sehr wohl die Rede.

Wolf: Ich gebe zu, daß nach Ihrem Bericht noch weitaus schlimmere kamen.

SPIEGEL: Wie war es jetzt für Sie, darüber noch einmal ausführlich zu schreiben?

Wolf: Das Thema wollte ich nicht umgehen. Im Gegenteil: Es war einer der Anlässe dafür, daß ich das Buch geschrieben habe.

SPIEGEL: Sie beschreiben, wie Sie das damals, 1992/93, empfunden haben. Ist Ihr Blick heute ein anderer?

Wolf: Natürlich kann ich heute alles mit mehr Gelassenheit sehen. Aber Gelassenheit zu beschreiben wäre ja nicht interessant.

SPIEGEL: Wieso haben Sie so lange gebraucht, dieses Buch fertigzustellen – über anderthalb Jahrzehnte?

Wolf: Ich habe nicht anderthalb Jahrzehnte ununterbrochen an dem Buch gearbeitet. In dieser Zeit entstanden andere Bücher: *Leibhaftig* und *Ein Tag im Jahr*, auch Essays und der Erzählungsband *Mit anderem Blick*. Außerdem war ich lange Zeit krank. Ich habe aber immer wieder bei diesem Buch angesetzt, das mir wichtig war und ist.

SPIEGEL: In Ihrem Buch gibt es immer mal wieder einen abrupten Wechsel zwischen Ich und Du. Sie sprechen sich selbst mit »du« an, was manchmal verwirrend ist. Warum machen Sie das?

Wolf: Ich ist die Gegenwartsebene, Du ist die Erinnerungsebene, und ich bin besonders stolz auf die Stellen, wo sich das manchmal im selben Satz bricht. Wissen Sie, ich würde gern so schreiben, wie es im Kopf zugeht. Im Kopf ereignen sich ja die verschiedensten Dinge auf einmal, aber leider kann man nur linear schreiben. Mein Wunschbild für einen Text ist ein Gewebe. Ich möchte ein Gewebe herstellen, wo die Fäden ineinanderwirken und übereinanderliegen, und dann entsteht ein Muster, das nicht auf einen Faden gefädelt ist; in *Kindheitsmuster* versuche ich das auch. Mit einer solchen Struktur kann man vieles Ungesagte und Nicht-Sagbare ausdrücken.

SPIEGEL: Ist der Wechsel von Ich und Du auch so zu erklären, daß das eigene Ich aus der Vergangenheit einem manchmal fremd wird?

Wolf: Ja, das ist merkwürdig. Man ist immer Ich gewesen, aber man kann sich später manchmal nicht mehr in dieses alte Ich hineinversetzen.

SPIEGEL: Es leuchtet nicht ein, warum Sie das Buch, das Sie doch sehr nahe an Ihrem authentischen Erleben entlang erzählen, in Teilen auch fiktionalisiert haben. Wollten Sie durch die Fiktionalisierung den eigentlichen Konflikt, den Sie schildern – die Auseinandersetzung mit der eigenen Person und die öffentlichen Reaktionen darauf –, von sich wegrücken?

Wolf: Nein, Sie haben ja selbst gesehen, daß ich gerade bei den Teilen, die diese Konflikte schildern, nahe an den tatsächlichen Ereignissen entlang erzähle. Anderes habe ich erfunden, viel mehr, als Sie wohl glauben würden. Das gehört zur Vielschichtigkeit, die ich anstrebe. Ebenso wie es sich natürlich versteht, daß die Ich-Erzählerin nicht identisch mit der Autorin ist.

SPIEGEL: Ihre Schilderung der damaligen Situation hat auch eine gewisse Ironie. So erzählen Sie, wie Sie einer Amerikanerin zu erklären versuchen, was man Ihnen in Deutschland vorwirft und was ein »Informeller Mitarbeiter« der Stasi ist. Ob das so etwas wie ein Agent oder Spion sei, fragt die Frau zurück.

Wolf: Ja, es war damals schon eine manchmal absurde Situation für mich. Ich war weit weg, bekam aber dort in Los Angeles natürlich doch jeden Artikel, der über mich geschrieben wurde, zu sehen. Und da war es manchmal wohltuend, mit den anderen Stipendiaten des Getty Centers, die aus verschiedenen Ländern kamen, zu sprechen, weil die den Abstand zu den Verhältnissen in Deutschland hatten.

SPIEGEL: Aber es war wohl doch der Tiefpunkt Ihrer Autorenlaufbahn?

Wolf: Wieso? Nein, schlimmer war die Situation Mitte der sechziger Jahre. Mir wurde klar, daß sich die DDR nicht in die Richtung entwickeln würde, wie viele von uns gedacht und gehofft hatten. Daß die Widersprüche unlösbar wurden – darüber konnte es nach 1968 keinen Zweifel mehr geben.

SPIEGEL: Dennoch schreiben Sie: »Wir haben dieses Land geliebt.« Sie zitieren es als innere Stimme der Erzählerin. Das dürfte in Zukunft oft zitiert werden. Ein trotziges Bekenntnis?

Wolf: Ach nein. Dazu vielleicht ein Hermlin-Zitat: »Nie reimt sich Liebe auf Beflissenheit.« Es ist natürlich ein frommer Wunsch, aber meine Hoffnung ist, daß so ein Satz dazu beitragen könnte, etwas differenzierter mit diesem Land und den Menschen, die dort gelebt haben, umzugehen.

SPIEGEL: Was haben Sie an dem Land geliebt?

Wolf: Die Utopie zu Anfang. Und viele Menschen, die sich dafür einsetzten und bitter enttäuscht wurden – darunter auch jene aus dem Exil zurückkehrenden Emigranten, von denen eben die Rede war.

SPIEGEL: Sie beschreiben eindringlich die Situation, wie Sie vor Ihrem Aktenberg sitzen und lesen, was die Stasi in all den Jahren über Sie zusammengetragen hat. Am liebsten hätten Sie die Ordner aus dem Fenster geschmissen und verbrannt. War es damals falsch, die Stasi-Akten zu öffnen?

Wolf: Ich denke nicht. Vielleicht hätte man sie schon längst dem Bundesarchiv übergeben sollen. Sie wissen, daß ich selbst meine Täterakte offiziell nicht einsehen durfte. Der Journalist und langjährige Leiter der Ständigen Vertretung der Bundesrepublik Deutschland in der DDR, Günter Gaus, hat sie mir damals mit nach Los Angeles gebracht. Übrigens: Die Akten, die in der Bundesrepublik angelegt worden sind, bleiben verschlossen. Worauf Günter Grass gerade erst hinwies. Dadurch konnten sich die Westdeutschen als der überlegene Bevölkerungsteil fühlen.

SPIEGEL: Wollen Sie damit sagen, daß es eine vergleichbare sinnlose Anhäufung von Daten und Telefonmitschnitten durch den Verfassungsschutz gibt? Eine nahezu flächendeckende Observierung durch Inoffizielle Mitarbeiter wie einst in der DDR?

Wolf: Nein, das habe ich nie behauptet. Aber dadurch, daß das Stasi-Thema in der Betrachtung der DDR zu einem Hauptthema geworden ist, stimmen nach meiner Ansicht die Proportionen nicht.

SPIEGEL: In Ihrem Buch klingt an, daß viele Menschen wegen der globalen Krise heute offener für eine grundsätzliche Kritik auch am kapitalistischen System seien. Freut Sie das?

Wolf: Es wundert mich eher, daß eben doch nicht viele dazu bereit sind, diese existentielle Krise wirklich als Signal zu begreifen.

SPIEGEL: Weil heute jede Vorstellung davon fehlt, wie eine andere Gesellschaftsform aussehen könnte?

Wolf: Da haben Sie recht.

SPIEGEL: Und wenn die globale Krise sich zuspitzt?

Wolf: Das kann sich niemand wünschen. Die Katastrophe wäre dann so groß, daß ich mich davor fürchten würde – auch für meine Kinder und Enkelkinder. Allerdings stellen sich mehr Menschen als noch vor zehn Jahren solche Fragen. Vielleicht geht von ganz anderen Weltgegenden und Gesellschaftsentwürfen eine Umwälzung aus. Aber ich will keine Kassandra-Rufe ausstoßen.

SPIEGEL: Die Autorin des berühmten *Kassandra*-Texts will nicht orakeln?

Wolf: So ist es.

SPIEGEL: Wir haben in dem Jahrhundert, das hinter uns liegt, verschiedene Gesellschaftsformen ausprobiert, und nun sind wir ratlos. Läßt sich aus der Geschichte doch nichts lernen?

Wolf: Zumindest ließe sich lernen, wie man es nicht machen sollte. Das ist doch schon mal was. Und dann hoffe ich ja doch, daß der Dialog der Generationen nicht ganz wirkungslos bleibt. Ich merke, daß gerade die junge Generation uns Ältere sehr intensiv und interessiert befragt. Und ich habe den Eindruck, daß es gerade mit den Jüngeren möglich ist, frei und ohne gegenseitige Abwehr zu sprechen.

SPIEGEL: Sie haben sich ja in eigentlich allen Ihren Büchern einer intensiven Selbstbefragung unterzogen. Das ist es auch, was mindestens und ganz sicher von Ihnen bleiben wird: die Genauigkeit, mit der Sie sich handelnd betrachten und offenbaren. Sie schildern, wann Sie mutig waren, Sie gestehen auch ein, wann Sie feige waren. Mit Ihrer eigentlich durchgängig ambivalenten Haltung sich selbst gegenüber und den jeweiligen politischen Systemen, in denen Sie nach dem Krieg lebten, machen Sie sich aber auch angreifbar, liefern anderen das Einfallstor für Kritik.

Wolf: Aber auch für sehr viel Zustimmung, ja Zuneigung, von den sogenannten normalen Lesern. Glauben Sie wirklich, daß die Aufgabe von Literatur heute wäre, sich abzuschotten oder nur die Oberfläche zu beschreiben? Ich jedenfalls könnte nicht schreiben, ohne »der Spur der Schmerzen« nachzugehen, wie es in meinem Buch heißt. Schreiben ist für mich nun mal Selbstbefragung, die Auseinandersetzung mit Konflikten. Ich schreibe, um mich selber kennenzulernen, soweit es geht. Da kann man sich nicht schonen.

SPIEGEL: Aber Sie schreiben auch, daß in einer Situation, in der Sie sowieso schon unzählige Feinde haben, jede Zeile, die Sie nun schreiben, gegen Sie verwendet werden kann. Sie schmieden sich selbst ein Damoklesschwert.

Wolf: Ich habe auch unzählige Freunde. Das bemerken die Medien natürlich nicht. Ich schmiede auch kein Damoklesschwert. Das Schreiben, so wie ich es verstehe, ist mir eine große Befriedigung. Und ich habe, obwohl ich nach so langer Zeit der Arbeit wirklich nicht mehr naiv bin, komischerweise noch immer so ein Grundvertrauen in den Anstand vieler Menschen. Außerdem weiß ich, während ich schreibe, für welche Passagen ich wahrscheinlich kritisiert werde, aber gleichzeitig denke ich immer: Warum sollten die Leute nicht bemerken, daß ich versuche, ehrlich zu sein?

SPIEGEL: Die DDR und Ihre Erlebnisse in den USA sind die Hauptthemen Ihres Buchs, aber es gibt einen weiteren Aspekt. Der Titel heißt vollständig *Stadt der Engel oder The Overcoat of Dr. Freud*. Ein Mantel, den einst Sigmund Freud getragen haben soll, ist ein wiederkehrendes Motiv.

Wolf: Der Titel des Buchs soll zunächst auch darauf hindeuten, daß es hier nicht so sehr um die Ereignisse geht, sondern darum, wie sie sich in einer Person spiegeln und wie sie auf die Personen wirken. Die psychologische Nachfrage ist für mich tatsächlich das Entscheidende, das Psychogramm.

SPIEGEL: Als ein befreundeter Analytiker Ihnen in Ihrer Zeit in Amerika, also mitten in der Krise, am Telefon riet, eine Therapie zu machen, haben Sie das von sich gewiesen. Warum?

Wolf: Weil ich das Schreiben habe. Das ist in einer Krisensituation ein guter Begleiter.

SPIEGEL: Sie sind nicht nur zu einer öffentlichen, sondern auch zu einer historischen Figur geworden. Wie halten Sie es aus, daß das Bild von Ihnen, das Sie selbst mitgeschaffen haben, wegen der tiefen Konflikte, in die Sie gerieten, nicht immer vorteilhaft ausfällt?

Wolf: Es gab Zeiten, in denen mir das schwer zu schaffen machte. Inzwischen ist mir die Meinung der Nachwelt nicht mehr wichtig. Meine Töchter und meine engen Freunde sollen mich möglichst so sehen, wie ich bin. Wie viel Mißverständnis und Mißkenntnis eigentlich jeden trifft, der in die Öffentlichkeit geht, das sehe ich auch an anderen. Wie sagte doch Goethe: »Übers Niederträchtige/Niemand sich beklage;/Denn es ist das Mächtige,/Was man dir auch sage.«

SPIEGEL: Hatten Sie zuweilen Sorge, daß Sie das Buch, das Ihnen so wichtig ist, nicht würden fertigstellen können?

Wolf: Ich denke viel an den Tod, und es ist mir fast jeden Tag bewußt, daß die Frist, die mir noch bleibt, kurz ist. Während des Schreibens habe ich manchmal gedacht: Na, das werden sie mich vielleicht noch zu Ende schreiben lassen.

SPIEGEL: Wer ist sie? Einen Gott oder gar Götter gibt es für Sie doch nicht. Wer bevölkert den Himmel über Ihnen?

Wolf: Sagen wir mal: die Parzen. Und: Haben Sie wirklich den Engel übersehen, der am Schluß meines Buchs auftaucht – den schwarzen Engel?

SPIEGEL: Durchaus nicht. Doch die Frage bleibt: Sind Sie dankbar, daß Sie das Buch doch geschafft haben?

Wolf: Darauf bezieht sich meine Dankbarkeit nicht. Aber ich bin dankbar, daß ich überhaupt auf der Welt sein konnte und auch dafür, wie mein Leben gelaufen ist. Ich habe ja viel über Konflikte gesprochen, aber mein Grundgefühl dem Leben gegenüber ist, daß ich Glück gehabt habe. Daß ich diese Familie habe, diesen Mann, diese Freunde, das ist ein unglaubliches Glück.

SPIEGEL: Wenn Sie heute auf Ihr Leben zurückblicken, das so reich war an Erfahrungen – haben Sie das Gefühl, das ganze Spektrum des Daseins durchmessen zu haben?

Wolf: An die äußersten Enden habe ich mich nicht bewegt.

SPIEGEL: Weder das größte Glück noch das größte Leid?

Wolf: Das größte Leid jedenfalls ist mir erspart geblieben.

SPIEGEL: Frau Wolf, wir danken Ihnen für dieses Gespräch.

2010

»Bücher helfen uns auch nicht weiter«

Gespräch mit Evelyn Finger

DIE ZEIT: Frau Wolf, gerade ist Ihre Tschernobyl-Erzählung *Der Störfall* von 1987 neu erschienen. Sie war nicht nur ein Erweckungsbuch für die Umweltbewegung, sondern auch ein dramatischer Höhepunkt Ihres literarischen Schreibens über das Zerstörerische unserer Zivilisation. Der Mensch als Naturkatastrophe: Fühlen Sie sich jetzt in Ihren Prognosen bestätigt?

Christa Wolf: Sie wissen ja, daß ich gezögert habe, mit Ihnen dieses Gespräch zu führen. Warum? Meine Hoffnung, daß das, was man nach so einer Katastrophe sagen kann, irgend etwas bewirkt, ist geschwunden. Damals nach Tschernobyl dachten viele: Es kann doch nicht so weitergehen wie bisher. Aber es ging weiter. Das deprimiert mich zutiefst. In Japan hat man über fünfzig Kernkraftwerke auf den Erdbebenboden gebaut. Daß ich vor weiteren Katastrophen gewarnt habe, darin drückte sich auch eine Hoffnung aus, am Ende doch nicht recht zu behalten.

ZEIT: Im Vorwort zum *Störfall* schreiben Sie über die Asche als Metapher der menschlichen Vergänglichkeit und über den Phönix als Sinnbild der Auferstehung und der Ewigkeit.

Wolf: Mein Vorwort bezieht sich auf die Aschebilder des Künstlers Günther Uecker, die in der Neuauflage des *Störfalls* zu sehen sind. Er hat damals, nach dem Reaktorunglück, Asche hergestellt und sich selber hineingelegt. Den menschlichen Abdruck reproduzierte er dann auf Bildern. Leider gewinnt das Buch nun eine Aktualität, die wir nicht zu fürchten wagten.

ZEIT: Wie fühlen Sie sich jetzt, als Kassandra-Ruferin der deutschen Literatur, wenn Sie vorm Fernseher sitzen und nach Japan blicken?

Wolf: Ich sehe mich nicht als Kassandra. Ich fühle mich wie alle anderen Menschen auch. Jeder, den man trifft, hat die Fernsehbilder gesehen und ist schockiert. Das Gefühl der Fassungslosigkeit und auch des Zorns hat sich so weit verbreitet, daß ich mich da nur einfügen kann.

ZEIT: Was war Mitte der Achtziger nach Tschernobyl anders?

Wolf: Damals geschah, was keiner erwartet hatte. Diesmal mußte man eine Katastrophe für möglich halten. Und trotzdem ist man auf die Bilder nicht vorbereitet. Ich habe natürlich auch nicht fünfundzwanzig Jahre lang in Angst vor der Atomkatastrophe gelebt. Gerade kamen die neuesten Nachrichten aus Japan, daß nun schon drei Reaktoren von der Havarie betroffen sind, und ich frage mich, was, wenn Radioaktivität austritt, aus all den Menschen in diesem dichtbesiedelten Gebiet werden soll. Und wer eigentlich den Umkreis der Evakuierung bestimmt. Und warum es ausgerechnet zwanzig Kilometer sind und nicht dreißig oder vierzig. All das bestärkt mich in meiner Meinung, daß die Technik nicht beherrschbar ist. Schon allein die Frage der Endlager: Wie kann man eine Technologie ausbauen, die strahlenden Abfall hervorbringt, für den es keine Lösung gibt? Das allein hätte doch Grund genug sein müssen, diese Atomenergie nicht zu nutzen. Wann lernen wir eigentlich, uns selbst zu beherrschen? Unsere maßlosen Bedürfnisse, die so viel Energie kosten?

ZEIT: Die Maßlosigkeit und das Selbstzerstörerische unser Gattung gehören zu Ihren großen Themen. Ist der Mensch eben doch nicht aufklärbar?

Wolf: Schon in den achtziger Jahren war das Ziel der Industriestaaten Wachstum, Wachstum, Wachstum. Jetzt haben wir uns endgültig in dem Widerspruch verfangen: Je bequemer wir leben, auch durch die massenhafte Herstellung zum Teil überflüssiger Industriewaren, desto näher kommen wir einer Zerstörung unserer Welt. Das ist vielleicht der Grund, warum ich noch öffentlich spreche: Wir müssen das Dilemma unserer

Gesellschaft endlich diskutieren. Vielleicht bestärke ich andere Menschen.

ZEIT: Jetzt streiten die Ingenieure, ob man die Reaktoren in Japan für stärkere Erdbeben absichern müßte. Das Restrisiko bleibt aber dasselbe: die Zerstörung des Planeten. Wie haben Sie als Nicht-Ingenieurin den atomaren GAU recherchiert?

Wolf: Ich habe mir zum Beispiel Material besorgt über die Folgen von Radioaktivität für jene bedauernswerten Menschen, die verstrahlt worden sind. Man hat ja damals Helfer in das verseuchte Gebiet getrieben ohne jeden Schutz. Es war klar, daß sie nicht überleben. Ich denke andauernd daran, wie es diesmal für die Menschen sein wird. Gerade habe ich gehört, daß ein US-amerikanisches Schiff direkt durch eine radioaktive Wolke gefahren ist. Was da noch passieren mag: Ich verdränge das, ich versuche es mir nicht auszumalen und auch nicht darüber zu sprechen. Das ist beinahe schon Aberglauben.

ZEIT: Wie wäre einer Menschheit zu helfen, die aus ihren Fehlern nichts lernt?

Wolf: In Japan scheinen die Menschen unendlich technikgläubig zu sein. Man müßte sie fragen: Was ist eigentlich das Ziel unseres Daseins? Momentan wohl Profit, den wir in einem tödlichen Wettkampf zu erlangen versuchen. Die Utopien unserer Zeit treiben Monstren hervor. Aber das ist den meisten Menschen nicht bewußt, denn sie leben ja mitten in ihrer Zeit und können sich aus dem Hamsterrad des Fortschritts nicht lösen. Vielleicht kann ein Unglück wie dieses doch ein Nachdenken über andere mögliche Wege anstoßen. Aber wie soll man all die Menschen in eine andere Richtung lenken? Dafür reicht meine Phantasie nicht aus. Der Forscherdrang hat sich immer weiter in diese eine Richtung entwickelt: Was machbar ist, wird gemacht. Und wenn ein Land aus moralischen Gründen etwas nicht macht, macht es das andere. Und weil beide das voneinander wissen, machen sie weiter. Wir schaffen es einfach nicht, diese Entwicklung, die wir »Fortschritt« nennen, zu bremsen.

ZEIT: Früher dachte man, daß die Literatur geeignet wäre, der Menschheit die Augen über sich selbst zu öffnen. Glauben Sie noch daran?

Wolf: Kaum. Alles, was ich dazu sagen kann, würde sehr naiv klingen. Wenn ich zum Beispiel sage, daß ich mir statt eines zerstörerischen Wettlaufs eine solidarische Gesellschaft wünsche, weiß ich doch, wie lächerlich das auf einflußreiche Mächte wie die Atomlobby wirken muß. Die lachen sich über die Idee eines solidarischen Miteinanders krank.

ZEIT: Es gab und gibt aber friedliche Revolutionen, in denen kritische Intellektuelle eine wichtige Rolle spielen. Und es gibt neuerdings wieder Bürgerproteste in Deutschland.

Wolf: Na gut, ich will das Wort von der totalen Hoffnungslosigkeit ein bißchen einschränken. Denn ich habe gegen Ende der DDR gelernt, daß völlig Unerwartetes in der Geschichte möglich ist. Da bin ich ganz auf der Seite der protestierenden Bürger, die Unvernünftiges zurückweisen und produktiv Entscheidungen erzwingen wollen. Allerdings glaube ich, daß größere Menschenmassen eher nicht von der Ratio, sondern von ihren Wünschen und Instinkten angetrieben werden. Dem müßte man eine utopische Richtung geben. Da könnte Literatur noch etwas bewirken. Ich merke bei meinen Lesungen und an Briefen, daß es da ein großes Bedürfnis nach Orientierung gibt. Vielleicht kann aus kleineren Zirkeln, die sich jetzt sammeln, mit der Zeit doch ein Einfluß entstehen auf die größeren Zirkel der Welt.

ZEIT: Könnte es sein, daß Menschen schwer leben können, wenn am Horizont der Zukunft nichts ist als der Traum vom eigenen kleinen Glück?

Wolf: Wenn Sie Utopie als Lebensnotwendigkeit sehen, dann sind wir schon zwei. Literatur ist ja an sich utopisch: Sie schafft eine Realität aus dem Nichts, die sich als tragfähig erweisen soll – als neue Realität.

ZEIT: Ihre großen Romane wie *Kassandra* und *Medea* enden katastrophal. Würden Sie sich selber als Apokalyptikerin bezeichnen?

Wolf: Ganz im Gegenteil. Ich bin immer auf der Suche nach den kreativen Zügen in Menschen oder Figuren, auch wenn ich beschreibe, daß sie untergehen. Kassandra, Medea, Karoline von Günderrode sind mir am liebsten, weil sie auf der Suche nach Zukunft sind.

ZEIT: Das sind aber alles gescheiterte Figuren.

Wolf: Ich habe einen anderen Begriff von Scheitern. Kassandra ist nicht gescheitert, sondern besiegt, vernichtet, getötet. Aber sie hat, ebenso wie Medea, das Ihrige getan, ist nicht stumm geblieben oder hat sich unterworfen. Wie wäre denn die Geschichte, wenn es solche Figuren nicht gegeben hätte? Trostlos! Wir müssen schon mutig sein.

ZEIT: Die mutigen Helfer jetzt in Japan, die sich ins Katastrophengebiet wagen: Wären das auch Figuren, über die Sie schreiben könnten?

Wolf: Das ist wirklich Sache von Reportern. Ich bewundere die, die in Japan noch Bericht erstatten und uns diese Bedrohung vermitteln und vielleicht dadurch etwas bewirken. Wir wollen sehen, was los ist. Das wäre nicht Sache der Literatur. Was ich zum Thema sagen konnte, habe ich im *Störfall* gesagt.

ZEIT: Zu Anfang des Buches geht es um Metaphern, die man nach dem GAU nicht mehr benutzen kann. Etwa, daß das Grün des Frühlings explodiert.

Wolf: Ja, damals habe ich auch geschrieben: Welcher Autor kann jetzt noch das Wort Wolke naiv verwenden? Wer will noch sagen: Wie herrlich leuchtet mir die Natur! Aber es hat sich gezeigt, daß man das sehr wohl weiter kann, weil das Schreckliche wieder vergessen wird. Jetzt, während ich die Bilder aus Japan sehe, denke ich überhaupt nicht an Dichtung. Ich empfinde einfach eine unheimliche Bedrückung, die mich bis in den Schlaf verfolgt.

ZEIT: Der letzte Satz von *Störfall* lautet: »Wie schwer würde es sein, von dieser Erde Abschied zu nehmen.« Welches Gefühl überwiegt bei Ihnen: Angst oder Zorn?

Wolf: Trauer. Um diese unglücklichen Menschen und um unsere Erde, die eine tiefe Wunde empfangen hat.

2011

Textnachweise

Zeitschichten. Zu Thomas Mann. Rede zur Verleihung des Thomas-Mann-Preises am 24. Oktober 2010 in Lübeck. Erstveröffentlichung auszugsweise in: DIE ZEIT, 2. Dezember 2010, unter dem Titel *Des Teufels schauderhaftes Gebot.*

Begegnungen mit Uwe Johnson. Rede zur Verleihung des Uwe-Johnson-Preises am 24. September 2010 in Neubrandenburg. Erstveröffentlichung in: Sinn und Form, Nr. 2, 2011.

C Gespräch im Hause Wolf über den in Vers und Prosa
G sowohl als auch stückweis anwesenden Volker Braun. Rede von Christa und Gerhard Wolf zum 65. Geburtstag von Volker Braun am 7. Mai 2004 in Berlin. Erstveröffentlichung in: Volker Braun & Zeitgenossen. Der Kassensturz. Hg. von Manfred Jendryschik, Halle/Saale 2010, S. 96-100.

Autobiographisch schreiben. Zu Günter Grass' Beim Häuten der Zwiebel. Erstveröffentlichung in: die horen, Nr. 5, 2007, S. 119-121.

Der Tod als Gegenüber. Zu Überlebnis *von Ulla Berkéwicz.* Erstveröffentlichung in: Berliner Zeitung, 26./27. April 2008.

Rede, daß wir dich sehen. Versuch zu dem gegebenen Thema »Reden ist Führung«. Rede auf dem Kongreß der Redenschreiber im September 2000 in Berlin. Erstveröffentlichung auszugsweise in: Der Freitag, 15. September 2000. Enthalten in: Christa Wolf, Werke, Bd. 12: Essays/Gespräche/Reden/Briefe 1987-2000, S. 729-746.

Nachdenken über den blinden Fleck. Rede auf dem 45. Kongreß der Internationalen Psychoanalytischen Vereinigung in Berlin am 25. Juli 2007. Erstveröffentlichung.

Mit Realitäten umgehen, auch wenn sie einem nicht gefallen. Egon Bahr zum achtzigsten Geburtstag. Erstveröffentlichung in: Architekt und Brückenbauer. Gedanken Ostdeutscher zum 80. Geburtstag von Egon Bahr, hg. für die Friedrich-Ebert-Stiftung von Daniel Küchenmeister und Detlef Nakath, Bonn 2002, S. 197-201.

Ein besonderes, unvergeßliches Licht. Paul Parin zum neunzigsten Geburtstag. Erstveröffentlichung in: Die Wochenzeitung, 14. September 2006.

Zu Rummelplatz *von Werner Bräunig.* Vorwort zur Ausgabe des Romans im Aufbau-Verlag, Berlin 2007.

»Jetzt mußt du sprechen!« Zum 11. Plenum der SED. Erstveröffentlichung in: DIE ZEIT, 2. April 2009.

In Zürich und Berlin. Zum fünfundsiebzigsten Geburtstag von Adolf Muschg. Erstveröffentlichung in: Dasein als da sein. Adolf Muschg zum 75. Geburtstag, hg. von Klaus Isele und Adrian Naef, Eggingen 2009, S. 13-15.

O Dichtung, herrlich, streng und sanft. Begegnungen mit Spanien und seiner Literatur. Rede aus Anlaß der Verleihung der Ehrendoktorwürde der Universidad Complutense de Madrid am 4. Oktober 2010 in Berlin. Erstveröffentlichung.

Kuckucksrufe. Kleine Rede zu einem günstigen Augenblick. Rede auf einer Feier zum achtzigsten Geburtstag von Christa Wolf am 20. März 2009 in der Akademie der Künste in Berlin. Diese nach Notizen aus dem Stegreif vorgetragene Rede hat Christa Wolf in einem Brief an ihren Enkel Anton schriftlich festgehalten; mit ihr bedankt sie sich u. a. bei den Autorinnen und Autoren, die während der Veranstaltung aus folgendem Band lasen: Sich aussetzen. Das Wort ergreifen. Texte und Bilder zum 80. Geburtstag von Christa Wolf, hg. von Therese Hörnigk im Auftrag des Literaturforums im Brecht-Haus und in Zusammenarbeit mit der Stiftung Preußische Seehandlung, Göttingen 2009. Erstveröffentlichung.

An Carlfriedrich Claus erinnern. Erstveröffentlichung in: Schrift Zeichen Geste. Carlfriedrich Claus im Kontext von Klee bis Pollock, Köln 2005, S. 194.

Ein Ring für Nuria Quevedo. Rede aus Anlaß der Verleihung des Rings der Galerie »Sonnensegel« in Brandenburg an Nuria Quevedo, 2000. Erstveröffentlichung unter dem Titel *Ein Ring für Nuria* in: Christa Wolf/Gerhard Wolf: Malerfreunde. Leben mit Bildern. Essays, Reden, Halle 2010, S. 129-132.

Angela Hampels Gestalten im Spannungsfeld. Erstveröffentlichung in: Angela Hampel: Rauf und runter 1993-2000, Dresden 2000, S. 40.

Entwürfe in Farbe – Radierungen der Helga Schröder. Erstveröffentlichung in: Helga Schröder: Farbradierungen 1981-1998, Katalog, Wolfenbüttel 2008, S. 20f.

Köpfe – Ein Gespräch mit Martin Hoffmann. Erstveröffentlichung in: Christa Wolf/Gerhard Wolf: Malerfreunde. Leben mit Bildern. Essays, Reden, Halle 2010, S. 141-143.

Zwiegespräch mit Bildern von Ruth Tesmar. Beitrag zum Originalgraphikbuch *60 Briefe an Ruth Tesmar*, Berlin 2011.

Günther Ueckers Bilder aus Asche. Erstveröffentlichung unter dem Titel *Bilder aus Asche* in: Christa Wolf, Günther Uecker: Störfall/Aschebilder, Halle 2010, S. 6f.

»Wir haben die Mephisto-Frage nicht einmal gestellt«. Gespräch mit Arno Widmann. Erstveröffentlichung in: Berliner Zeitung, 10./11. Januar 2004.

»Bei mir dauert alles sehr lange«. Gespräch mit Hanns-Bruno Kammertöns und Stephan Lebert. Erstveröffentlichung in: DIE ZEIT, 29. September 2005. Einige wenige Passagen wurden wegen Überschneidungen mit anderen Gesprächen im vorliegenden Band gekürzt.

»Wir haben dieses Land geliebt«. Gespräch mit Susanne Beyer und Volker Hage. Erstveröffentlichung in: Der Spiegel, 14. Juni 2010.

»Bücher helfen uns auch nicht weiter«. Gespräch mit Evelyn Finger. Erstveröffentlichung in: DIE ZEIT, 17. März 2011.

Der Titel des vorliegenden Bandes ist ein Zitat von Johann Georg Hamann. 2007 ist im Rimbaud Verlag eine gleichnamige Publikation erschienen: *Rede, daß ich dich sehe. Wortwechsel mit Johann Georg Hamann*, hg. von Susanne Schulte.

Bildnachweis

12 Herlinde Koelbl/Agentur Focus
56, 98, 160 Frank Rothe/VISUM, Hamburg
130 Franziska Messner-Rast
133 Carlfriedrich Claus, Für Christa zum 18.3.79 © VG Bild-Kunst, Bonn 2012
137 Nuria Teixido Quevedo, Aus der Mappe Kassandra © VG Bild-Kunst, Bonn 2012
141 Angela Hampel, Komm, Kassandra © VG Bild-Kunst, Bonn 2012
145 Helga Schröder, Medea © VG Bild-Kunst, Bonn 2012
150 Martin Hoffmann, Kopf Frühjahr 2006 © VG Bild-Kunst, Bonn 2012
154 Ruth Tesmar, Für Christa Wolf © VG Bild-Kunst, Bonn 2012
157 Günther Uecker, Aschemensch Antwerpen © VG Bild-Kunst, Bonn 2012